Cyro Eyer do Valle

Da Lapônia
à
Patagônia

Vivências

São Paulo
2008

Copyright© by Cyro Eyer do Valle, 2008

Editor: Fabio Humberg
Assistente Editorial: Cristina Bragato
Projeto gráfico: João Carlos Porto
Ilustração (mapa): Ricardo Amadeo
Capa: Guilherme S. do Valle, sobre foto tirada pelo autor no Reino do Lesoto, em 1998
Contracapa: João Carlos Porto e Ricardo Amadeo, com fotos tiradas pelo autor
Revisão: Humberto Grenes

```
     Dados Internacionais de Catalogação na Publicação (CIP)
            (Câmara Brasileira do Livro, SP, Brasil)

     Valle, Cyro Eyer do
          Da Lapônia à Patagônia : vivências / Cyro Eyer
     do Valle ; [ilustração (mapa) Ricardo Amadeo.
     — São Paulo : Editora CLA, 2008.


          1. Viagens - Narrativas pessoais 2. Viajantes
     I. Amadeo, Ricardo. II. Título.
```

08-05368   CDD-910.4

```
               Índices para catálogo sistemático:
     1. Relatos de viagens   910.4
     2. Viagens : Narrativas pessoais    910.4
```

Todos os direitos para a língua portuguesa reservados

Editora CLA Cultural Ltda.
Rua Coronel Jaime Americano 30 – salas 12/13 – 05351-060 – São Paulo – SP
Tel/fax: (11) 3766-9015 – e-mail: editoracla@editoracla.com.br
www.editoracla.com.br

Impresso no Brasil

À memória de Dona Aracy Saramago,
Professora e Mestra que me ensinou
a ler, escrever e contar.

Sumário

Introdução 7

Países Nórdicos 13
    1. O velho lapão 15
    2. Rapsódia sueca 18
    3. Finais de Copa 23
    4. Caçando vulcões 27

Europa Ocidental e Central 31
    5. O reitor de Coimbra 33
    6. O trem do destino 36
    7. Outono na Baviera 40
    8. Viena dos Habsburgos 45
    9. O gentil vagabundo 49
    10. O intérprete policial 52
    11. Uma ópera em Praga 56
    12. No país do arco-íris 60

Mediterrâneo e Oriente Médio 65
    13. Falando geometria 67
    14. A múmia de Ramsés II 71
    15. Fuga no deserto 76
    16. O vendedor de tapetes 80

Ásia 85
    17. Da Sibéria ao Japão 87
    18. Beethoven em Cantão 91
    19. As visões de Bangalore 95
    20. A morte do Mar de Aral 100
    21. O primeiro cliente 105

22. As massagistas do templo 108
23. As torres gêmeas de Kuala Lumpur 112
24. No país do tio Ho 116

América do Norte 121
25. Em busca de ursos polares 123
26. Outono no Alaska 127
27. Route 66 132

América Latina e Caribe 137
28. Na Terra do Fogo 139
29. Uma limusine nas Bahamas 143
30. Papiando 146
31. De Noronha ao Acre 149
32. Nos Andes dos incas 154

África Subsaariana 159
33. A cimeira da linha de frente 161
34. O príncipe swazi 165
35. O Hotel do Sr. Reinhold 169
36. Expedição ao Lesoto 173
37. Um balão na África 176

Oceania e Antártica 179
38. Luau em Waikiki 181
39. No umbigo do mundo 184
40. Na terra dos kiwis 189
41. O canguru e o Uluru 193
42. No continente gelado 198

Linha do Tempo 203

Introdução

"Homens que da sua terra não saem são navios que acabam no estaleiro: errando por este mundo se aprende a não cometer erros. Não há escola mais útil para a vida que as muitas vidas ou modos de viver que na variedade das nações se observa: vêem-se muitas coisas nunca vistas; aprendem-se muitas que se não sabiam; faz-se o homem capaz de toda a casta de negócios e folga ver este mundo antes de sair dele." *

Esses pensamentos, escritos por José Bonifácio de Andrada e Silva há dois séculos, constituem, ainda hoje, uma síntese perfeita dos benefícios que nos trazem as viagens. Tendo sido ele mesmo um grande viajante, além de brilhante cientista antes de dedicar-se à política, José Bonifácio foi, talvez, nosso primeiro ambientalista.

___*___*___

Este livro registra impressões colhidas pelo autor em várias partes do mundo, durante suas viagens de estudo ou de trabalho, para participar de cursos, congressos e conferências ou em missões técnicas para organismos internacionais. Seu empenho em descrever vivências que acumulou mundo afora busca transmitir ao

---

* José Bonifácio de Andrade e Silva (1763-1838) na obra *Antologia*; reproduzido do *Dicionário Universal Nova Fronteira de Citações*, de Paulo Rónai.

leitor ensinamentos recebidos de outros povos, alguns deles classificados como primitivos por nossa pretensiosa civilização ocidental. As abordagens que as culturas distintas da nossa utilizam para definir seus padrões de qualidade de vida e fixar seus critérios de comportamento social constituem, muitas vezes, magníficas lições de boa convivência internacional.

A proteção do meio ambiente e a conservação dos recursos naturais, principais áreas de atuação profissional do autor, são temas que não poderiam faltar nesses relatos. A presença desses tópicos entre as preocupações constantes das comunidades humanas de todo o mundo está registrada em muitos dos episódios narrados. Embora o autor não tenha tido a pretensão de escrever um guia de viagens, o turismo tal como é usualmente praticado, como forma de lazer, também está presente neste volume, através da descrição de belezas naturais e de atrações culturais que podem cativar o viajante curioso.

Das terras árticas da Lapônia até a Patagônia austral e a península Antártica, são mais de oitenta os países e territórios visitados nos seis continentes, durante mais de quatro décadas, abrangendo um período em que o mundo passou por grandes transformações políticas, sociais e econômicas. Começando em 1961, quando iniciou sua carreira de engenheiro em um estaleiro naval no norte da Europa, o autor estende seus relatos até o presente, quando a vontade de compartilhar suas experiências o levou a escrever as crônicas de viagem que formam este volume. Os episódios aqui narrados são descritos sem intenção de romanceá-los, embora alguns possam até parecer fantasiosos: são acontecimentos reais e seus dados foram coligidos no local e na época em que ocorreram.

Para ordenar os textos que compõem este livro adotou-se o critério geográfico, classificando-os por continentes e algumas macrorregiões[1]. A leitura, todavia, pode ser feita ao sabor do interesse imediato do leitor, pois são todos textos independentes entre si. Para dar às vivências relatadas uma seqüência cronológica, acrescentou-

---

[1] Para facilitar sua localização geográfica, os capítulos estão numerados na mesma seqüência identificada no mapa-mundi impresso na primeira orelha deste livro.

se, ao final do volume, uma Linha do Tempo que vincula cada texto a alguns fatos marcantes vividos pela humanidade naqueles mesmos anos. O ano de início das vivências aqui descritas – 1961 – coincide com a entrada em vigor do Tratado Antártico, graças ao qual um continente inteiro ficou preservado da corrida armamentista e da degradação ambiental. No mesmo ano, entretanto, dois acontecimentos funestos tinham efeito oposto a esse tratado: no Vietnã era autorizado o uso da guerra química, enquanto na Europa dividida era construído o Muro de Berlim.

O autor agradece às organizações que lhe possibilitaram vivenciar os episódios aqui descritos e lhe deram condições de conhecer tantos povos e países. Nesse agradecimento merecem especial destaque: a Fundação Calouste Gulbenkian de Portugal, a Campanha de Aperfeiçoamento de Pessoal de Nível Superior – CAPES, o Ministério dos Negócios Estrangeiros da República Francesa, a Universidade Federal do Rio de Janeiro – UFRJ, a Organização das Nações Unidas para o Desenvolvimento Industrial – UNIDO, a Agência Brasileira de Cooperação-ABC do Ministério das Relações Exteriores, a International Union of Air Pollution Prevention and Environmental Protection Associations–IUAPPA, a International Academy of Science – IAS, o Programa Antártico Brasileiro–PROANTAR, além das inúmeras empresas privadas e indústrias que se utilizaram de seus serviços profissionais ou o acolheram no exterior.

Junho 2008

Países Nórdicos

1. O velho lapão

Lapônia, norte da Escandinávia, 1962

Sempre que visito novas terras procuro ter contato com seus habitantes nativos. É a melhor forma de conhecer suas culturas e adquirir, com eles, conhecimentos que nossa civilização ocidental perdeu ou, em muitos casos, sequer soube absorver. Lapões, zulus, aleútes, esquimós, povos do Himalaia, índios das Américas, aborígines da Austrália e quantos mais tenho encontrado têm tanto a nos ensinar... E nós os desdenhamos, arquivando-os, em uma só pasta, como "povos primitivos".

No verão ártico de 1962, viajando pelo extremo norte da Europa, uma região quase só habitada por renas e mosquitos, tive a oportunidade de conhecer um velho lapão, membro daquele povo nômade disperso pelos confins da Escandinávia. Eu vivia no sul da Suécia, onde trabalhava, e meu chefe, o Monsson, sueco simpático e franco, já me alertara ao me ver partir para a aventura: "Quando encontrar os lapões, lá no norte, entenda que é um povo muito primitivo. Não servem para o trabalho, são animistas e muito estranhos. São como os índios de seu país, o Brasil." Faltou apenas dizer: não servem para nada!

Encontrar aquele lapão, nas estepes árticas, bem além do Círculo Polar foi, por isso, um belo achado. Havia algum tempo estava curioso para saber se era verdade que os lapões, tão estranhos como são, bebiam café com ... sal! Assim se dizia no sul civilizado, como prova da estultice desse povo. Entabulamos conversa em uma parada para descanso, durante uma longa viagem de ônibus por estradas precárias e ainda de terra. Falamos em sueco, idioma que naquele tempo eu dominava. Conversamos sobre seu povo e sua origem; sobre sua língua, que não é indo-européia como a nossa; sobre a importância do colorido de suas vestes tradicionais, que identificam a tribo, a família e a região onde vivem; sobre a melhor maneira de apascentar as renas e, finalmente, entre temas tão cativantes (apesar de sua escassa utilidade para um pragmático engenheiro graduado há pouco tempo), coloquei corajosamente minha pergunta: "É verdade que você e seu povo preferem tomar o café com sal?" Preparei-me, de início, para uma reação que podia ser de irritação ou de ofensa. Qual nada! O lapão sorriu e, com voz tranqüila, própria de quem perdoa e não tem rancor, explicou-me: "Não, não é verdade; são críticas que nos fazem; acham que somos tontos. Eu tomo o café puro, para melhor saborear o gosto. Triste é adoçá-lo, com açúcar, estragando o paladar como vocês fazem". Envergonhei-me, então, ao sorver mais um gole da xícara de café que encomendara naquele balcão de beira de estrada e que, como bom brasileiro, adoçara fartamente. Um casal de suecos, próximo a nós, ao perceber o inusitado dessa conversa, que se desenrolava na língua deles, entre um brasileiro e um lapão, não conseguiu conter o riso.

Partimos no ônibus para mais um trecho da jornada. A mata nativa, de bétulas – aquelas árvores das florestas nórdicas com caule esbranquiçado –, já ficara para trás. Nessas latitudes vão aos poucos definhando e transformam-se em simples arbustos, para finalmente desaparecerem, cedendo espaço para uma imensa planície pedregosa, coberta de musgos e líquens. É a paisagem ártica que nos acompanhará até o Cabo Norte, ponto setentrional extremo do continente europeu. Ao redor das esparsas moradias que avistávamos, pequenas áreas de cultura de hortaliças se beneficiavam da insolação contínua nesses dias do verão ártico, quando o sol não se põe durante vários meses. Grupos de renas, livres, deslocavam-se lentamente nessa vastidão sem cercas nem barreiras. Chegáramos, no nosso ônibus, aos confins da Noruega e, em muitos pontos, viam-se ainda, dispersos pelo campo, restos da Segunda Guerra Mundial – veículos militares enferrujados, cozinhas de campanha abandonadas, meio ambiente agredido e conturbado. Uma guerra que, como muitas outras, fora delimitada por fronteiras geopolíticas, guerra típica de "povos civilizados". Os suecos, neutros, haviam escapado da refrega que envolveu, durante cinco anos, noruegueses e finlandeses, lutando, respectivamente, contra os invasores alemães e russos. Transcorridos então mais de quinze anos desde o fim das hostilidades, as cicatrizes na paisagem ainda eram bem visíveis: na costa, alguns navios de guerra emborcados; em terra, por toda parte, tambores de combustível, vazios, enferrujados; o solo revolvido ainda mostrava sinais de trincheiras cavadas havia quase duas décadas! De positivo ressaltava-se apenas o aspecto novo e limpo das vilas e pequenas cidades que atravessávamos pela estrada poeirenta. As casas eram novas porque substituíam as construções antigas, de madeira, que haviam sido queimadas durante os bombardeios e combates.

Cochilando, entremeando com o sono os solavancos provocados pela estrada primitiva que trilhávamos, percebi que o ônibus parara. O velho – e para mim, agora, também sábio – lapão, pedira ao motorista para descer. Na margem da estrada, com roupas coloridas, de azul vivo e bordados vermelhos, seus parentes o aguardavam, talvez mulher e filhos. E se saudaram, felizes. Dali iriam, provavelmente, tocar seu rebanho de renas e viver suas vidas, para nós tão "primitivas". Despedindo-se, ele me acenava da estrada, com um sorriso amigo. O ônibus arrancava e os deixava para trás.

Passaram-se os anos e eu, ao ver um de meus filhos, hoje um escandinavo naturalizado, tomando café amargo, sem açúcar, lembro-me sempre do meu velho lapão com seus ensinamentos, e o imagino apascentando suas renas em alguma longínqua estepe, provavelmente já num outro mundo...

2. Rapsódia sueca

Suécia, nos anos 1961-62

Viver na Suécia não fazia parte de meus planos nem nos momentos de maiores devaneios. Engenheiro recém-formado no Brasil, pretendia especializar-me em um país de língua inglesa ou, quem sabe, na Holanda, de onde recebera um convite. Um almoço providencial mudou, todavia, o curso de minha vida. Uma oferta de emprego na Suécia, logo seguida de um visto de trabalho, concedido no prazo recorde de 24 horas, redirecionou meu futuro para esse país que era considerado, na época, o mais avançado do mundo em qualidade de vida e conquistas sociais.

Ganhando um bom salário e designado para trabalhar no setor de projetos de um dos maiores estaleiros navais do país, em dois dias mudava-me para um apartamento confortável, num prédio habitado por outros funcionários da empresa que me contratara. Ficava em um bairro aprazível de Malmoe, cidade com uns 250.000 habitantes. Localizada no extremo sul da Suécia, vizinha a Copenhague, capital da Dinamarca, à qual estava ligada por confortáveis *ferry-boats*, Malmoe era uma das melhores cidades para se viver na Europa de então. Tinha uma excelente sala de concertos, bons cinemas e restaurantes e até praias com areias brancas, que conseguíamos freqüentar pelo menos durante as curtas semanas do verão escandinavo. No trabalho coube-me colaborar no projeto do maior navio construído, até então, na Escandinávia. O Esso Lancashire, assim se chamava o gigante, teria de comprimento apenas oito metros menos que o Titanic!

A qualidade de vida já era, na Suécia, uma preocupação constante. Dez anos antes da primeira conferência mundial sobre o meio ambiente, convocada pelas Nações Unidas e realizada justamente em Estocolmo, em 1972, e antecipando-se em trinta anos a diversas decisões tomadas na Conferência Rio-92, realizada no Brasil, os suecos já se preocupavam com a reciclagem de alguns materiais e tinham plena consciência da necessidade de conservar a energia que consumiam, pois careciam de jazidas próprias de petróleo. A Suécia tem, até hoje, uma matriz energética bastante limpa, não dependendo do carvão e utilizando intensamente seus fartos recursos em hidroeletricidade.

Meus primeiros amigos foram estrangeiros ali radicados: alguns refugiados chegados da Hungria depois da revolução de 1956, um engenheiro norueguês, um comerciante italiano e um matemático do Paquistão compunham meu círculo mais próximo de amizades, além de outro brasileiro, colega de faculdade, que também se empregara na mesma empresa. Do lado feminino, em contrapartida, tinha que prevalecer a prata da casa. Fiz logo amizade com uma projetista naval, poliglota para os padrões locais, que falava razoavelmente inglês, alemão e até um pouco de francês. Com todos esses dotes lingüísticos, ela ensinou-me finalmente a falar sueco e a apreciar melhor a música clássica, pois provinha de uma família de músicos. Tal como seu pai, nas horas vagas ela tocava trompete. Brahms era, até então, um clássico pouco divulgado e foi em Malmoe que travei conhecimento com suas quatro sinfonias. O mesmo aconteceu com Shostakovitch, Prokofieff e outros mais, cujas obras eram executadas semanalmente, às quartas feiras, na grande sala de concertos da cidade. Eram noites frias, caminhava-se muitas vezes sobre a neve para chegar ao teatro. No regresso, entretanto, um bom vinho e uma lareira aconchegante consertavam a natureza.

O câmbio da moeda sueca, na qual eu era pago, era extremamente favorável em relação aos países vizinhos. Passar fins de semana na alegre Copenhague era um programa que cumpríamos pelo menos uma vez por mês, aproveitando ainda para comprar toda sorte de laticínios e outros excelentes produtos dinamarqueses por preços irrisórios. Para esquiar, todavia, o melhor era ir à Noruega, onde eu tinha um colega, também engenheiro, que me deu as primeiras lições desse esporte. Amigo de infância do príncipe herdeiro, Birger era muito bem relacionado e levou-me, junto com sua família, para esquiar nas colinas que circundam Oslo, durante umas inesquecíveis férias de Páscoa. Meus tombos causavam hilaridade a todos, que não conseguiam compreender como alguém, da minha idade, ainda não sabia esquiar, prática que os noruegueses adquirem ainda bebês.

Foram dois anos de intenso aprendizado, que me proporcionaram algumas experiências de vida marcantes. A convivência com os suecos é extremamente fácil, desde que eles se abram, pois são retraídos e muito reservados. Facilitou-me, todavia, o fato de ser brasileiro, pois o Brasil havia ganhado, menos de três anos antes, a simpatia dos suecos ao conquistar-lhes a Copa do Mundo em sua própria casa, em Estocolmo. Os suecos não se magoaram com isso e, pelo contrário, passaram a nos admirar. Ser brasileiro e saber falar francês – a família real local é de origem francesa – eram valores irresistíveis que cativavam as mais esbeltas louras nativas.

Li também muito, nesses anos em que vivi na Suécia. Não apenas assuntos técnicos, sobre os quais precisava estar sempre atualizado, mas literatura de todo tipo. Economia, psicologia, sociologia, artes, história, filosofia foram alguns dos temas aos quais também me dediquei nas horas vagas. Procurei, assim, formar uma melhor base nas ciências humanas, o que até hoje tem me proporcionado, como engenheiro de formação eminentemente técnica, uma visão mais abrangente e sistêmica da vida e uma melhor compreensão da natureza. Algumas incursões na lingüística, aliadas à facilidade de encontrar, entre os amigos próximos, interlocutores fluentes em vários idiomas, facultaram-me aprender bastante também nesse campo. Isso tem me ajudado muito a estabelecer contato direto com outras culturas sem o recurso, muitas vezes restrito, a traduções que nem sempre estão disponíveis. É um conselho que recebi de um tio-avô e grande amigo, que repasso para meus filhos e alunos: é muito importante aprender outros idiomas, mesmo nessa era da informática que já nos oferece a possibilidade de traduções simultâneas e em tempo real.

Mas nem tudo corria bem na Europa de então, saída havia pouco do maior conflito bélico que a história registra. Esses foram os anos mais tensos da Guerra Fria, que quase ficou quente naquela região. Em pleno verão de 1961 foi construído o muro de Berlim, frustrando as esperanças daqueles que acreditavam numa *détente* na Europa. Muitos alemães orientais que estavam de férias na Suécia decidiram não regressar a suas casas e pediram asilo. Os russos faziam explodir no Ártico, quase toda semana, potentes bombas nucleares de muitos megatons, que os suecos monitoravam minuciosamente. Eram freqüentes as notícias alarmistas que falavam de submarinos russos localizados próximo da costa espionando, segundo as autoridades locais, sua neutra e pacífica Suécia. Para preparar o povo para o pior, já que o país não sabia o que era uma guerra desde 1805, o governo resolveu então editar uma cartilha de bolso, distribuída a todos os cidadãos, com o sugestivo título *Om kriget kommer* (Se a guerra vier). Embora não fosse eu um cidadão local, solicitei também meu exemplar e o li com atenção, auxiliado por minha dileta professora. Os preparativos eram tão reais que numa manhã de domingo, ainda na cama, sou surpreendido por sirenes de alarme antiaéreo – seria o sempre esperado ataque russo? Saímos rapidamente das cobertas, porém, por sorte, era apenas um treinamento e naquele dia ainda não era exigido dos cidadãos que se deslocassem até os abrigos antiaéreos, existentes no porão de cada prédio. Voltamos para a cama. Quando vejo, nos dias de hoje, cidades brasileiras como Angra dos Reis, Cubatão e São Sebastião implantarem seus programas de defesa civil, preparando suas populações para situações de emergência causadas por eventuais acidentes ambientais de grandes proporções, lembro-me dos programas de prevenção dos suecos, felizmente jamais utilizados, naqueles já distantes anos sessenta.

Durante minha permanência na Suécia as comunicações de longa distância deram também um grande salto, pois no verão de 1962 se realizou a primeira transmissão ao vivo de televisão através do Atlântico Norte, ligando a Europa diretamente aos Estados Unidos por satélite. Foi com emoção que todos viram, de seus aparelhos de TV, ainda em preto-e-branco, as transmissões feitas para a América pelos vários países europeus interligados pela rede da Eurovisão. A televisão italiana transmitiu cenas tomadas diretamente da Capela Sixtina, a televisão francesa transmitiu cenas de Paris e quando foi a vez da televisão sueca transmitir, todos tiveram uma grande surpresa: diretamente da Lapônia sueca, no extremo norte da Europa, numa região desolada, uma equipe de reportagem apoiada por um helicóptero passou a entrevistar alguns lapões, ao vivo. Os lapões são um povo nômade que habita a região ártica e entrevistá-los era uma prova cabal da agilidade e versatilidade da TV local. Foi feita a transmissão, porém com um senão: a quantidade de mosquitos que infesta as planícies árticas durante o verão é tão grande que os repórteres suecos, para conseguirem entrevistar seus interlocutores, tinham que se abanar, contínua e freneticamente, com ramos de arbustos locais, para se verem livres dos incômodos mosquitos. Era a tecnologia de ponta, pelo menos da época, sendo desafiada pelos minúsculos insetos...

A vida corria fácil, o salário era bom, os amigos muitos, os compromissos sociais sempre atraentes, as viagens excitantes e a vida sentimental promissora, mas... faltava algo. Faltava algum desafio que eu não tinha como explicar. Vontade de mudar, apenas? Saudade dos trópicos? E foi assim que, no final do verão de 1962, resolvi interromper essa rapsódia sueca e partir desse paraíso nórdico. Agendei um curso na Alemanha, fiz minhas malas e, numa manhã fria e triste, tomei um trem que me levou para outras etapas da vida...

3. Finais de Copa

Finlândia, junho de 1962

O verão europeu daquele ano foi muito bem aproveitado por mim e dois colegas de faculdade, um catarinense e o outro mineiro, numa viagem que nos levou por toda a Escandinávia. Viajamos da Dinamarca, de onde partimos de navio para Oslo, Noruega, até o ponto extremo setentrional da Europa, o Cabo Norte, a 72° de latitude.

Estávamos vivendo os melhores anos da recuperação econômica européia. Já refeitos da II Guerra Mundial, os europeus mostravam-se, entretanto, extremamente preocupados com a possibilidade de uma terceira guerra que, tudo indicava, seria "atômica". Os suecos, neutros por tradição secular, tinham sua atenção permanentemente voltada para os testes nucleares realizados, na atmosfera, pelos soviéticos, na região ártica. Mais ao sul, o Muro de Berlim, construído havia menos de um ano, assinalava a grande fratura que separava o leste do ocidente. E foi nesse ano de euforia econômica e preocupação militar que decidimos conhecer todo aquele norte selvagem, habitado quase que exclusivamente por lapões e seus rebanhos de renas.

Numa de nossas jornadas rumo ao Ártico, na costa finlandesa do Mar Báltico, decidimos pernoitar, embora fosse uma noite ensolarada – sim, pois durante o verão o Sol, naquelas plagas, brilha continuamente. Apesar da paisagem idílica das florestas setentrionais e dos vilarejos acolhedores que ultrapassávamos com um simpático trenzinho local de poucos vagões, o ar na região estava fétido. O cheiro insuportável era explicável: indústrias de celulose e papel, antigas, emitiam livremente sua poluição, numa época em que a conscientização da sociedade com a qualidade do ar estava apenas começando. Das embarcações que navegavam o Báltico, um mar fechado e cuja água praticamente não se renova, lançava-se toda sorte de resíduos. Eram restos de comida da cozinha de bordo, que flutuavam para alegria de milhares de gaivotas que voejavam seguindo a esteira dos navios. Eram também as garrafas de bebidas de todos os tipos – descartáveis ou não – simplesmente lançadas borda afora e que logo afundavam. Também os óleos e resíduos da manutenção dos barcos, lançados ao mar, sobrenadavam, formando grandes manchas furta-cor. Vê-se bem, hoje, como evoluímos em poucas décadas no zelo com o meio ambiente, apesar das críticas constantes dos pessimistas, que contestam esse progresso.

No trenzinho puxado por uma velha locomotiva a vapor, chegamos finalmente a Kemi, cidadezinha finlandesa, na noite de 17 de junho, uma data comum para os habitantes locais, mas muito especial para nós três: a milhares de quilômetros dali, no Chile quase antípoda, o Brasil disputava o bicampeonato mundial de futebol. Buscamos um hotel e ao nos registrarmos perguntamos logo ao funcionário de plantão como estava se desenrolando o jogo. Foi inútil. Além de ser um finlandês monoglota (só falava finlandês, língua para nós incompreensível, apesar de a Finlândia ser oficialmente bilíngüe, tendo também o sueco como língua oficial), nosso interlocutor nada sabia de futebol. Nossa mímica, imitando chutes e cabeçadas, de nada adiantou. Restou-nos, assim, tentar captar uma emissora estrangeira num pequeno rádio de pilha que levávamos na bagagem. E eis que, após algumas tentativas, tivemos sucesso: a julgar pelo fraseado corrido que ouvíamos, típico de um narrador esportivo, constatamos que estávamos sintonizados. O problema, entretanto, era novamente a língua! Pelos sons típicos de uma língua eslava, que não sabíamos sequer identificar, concluímos que sintonizáramos a Rádio Praga, da Tchecoslováquia, nosso adversário no jogo final daquela Copa. A narrativa do jogo, para nosso desespero, tornava-se cada vez mais rápida e nervosa. O *speaker*, como se dizia então, entremeava suas falas com as duas únicas palavras que entendíamos: Brasília (Brasil) e Checoslovensco (Tchecoslováquia). E ali ficamos, num quarto de hotel, ouvidos colados no radinho. Sequer sabíamos os números em tcheco – de um a três pelo menos já serviria – para entender o *score*. Conseguíamos identificar, entretanto, os momentos de ataque – a voz do locutor aumentava de intensidade e velocidade. Pela ênfase patriótica do locutor, que julgávamos poder interpretar, deduzíamos também de quem era cada ataque. Mas como se diz gol em tcheco? Nem isso sabíamos! A tortura prosseguiu até o momento em que o som da emissora sumiu completamente, dando a entender que a peleja terminara (ou foi a pilha que acabou? – não me lembro).

Desci novamente à portaria do hotel, mas nosso recepcionista não conseguia entender o que desejava. Televisão? Nem pensar. Já passava das 9 horas da noite e naqueles países a televisão só funcionava até as 8! Além do mais, transmissões intercontinentais ainda faziam parte da ficção científica. Quem sabe, um dia, numa futura Copa... A solução encontrada pelos três viajantes foi dormir e, pela manhã, bem cedo, sair para comprar um jornal. Dito e feito. Após uma noite mal dormida, acordamos bem cedo e corremos à primeira banca de jornais, onde um novo desapontamento nos aguardava: tudo escrito em finlandês e sem nenhuma notícia que pudesse ser interpretada como notícia esportiva. Mas, ahn, descobrimos finalmente um jornal em sueco, idioma que conseguíamos manejar e – maravilha das maravilhas! – num banco de jardim, na praça fronteira ao hotel, três indivíduos subitamente saltam, gritam e se abraçam efusivamente: vencêramos por 3x1! Os transeuntes não entendiam aquele alvoroço de um catarinense alto, um mineiro baixo e um pretenso carioca, na verdade fluminense. De qual país vieram esses três seres tão díspares? Que língua estranha falam! O que estão a festejar a essa hora da manhã? Creio que até hoje aqueles madrugadores finlandeses não compreenderam o que viam e, também, para quê...?

Quatro anos se passaram e no verão europeu de 1966 estou a bordo do MS Ístria, navio iugoslavo que singra o mar Mediterrâneo e me leva à África. Descerei em Alexandria para conhecer o Egito, numa viagem que se estenderá pelo Oriente Médio. No convés de popa, numa tarde ensolarada, enquanto passamos ao largo da ilha de Creta, um alto-falante transmite um jogo de futebol, em inglês. É a partida final da Copa do Mundo que reúne, desta vez em Londres, os anfitriões e os alemães. A bandeira iugoslava tremula no mastro de popa. Um retrato de Tito, o ditador de então, nos fita, sério e impositivo. No convés apenas três passageiros, que mal se conhecem, ouvem o jogo. Partíramos na véspera do porto do Pireu, na Grécia, e não tínhamos sido apresentados. Noto, pelos sinais de ansiedade, sorrisos de confiança e gestos nervosos que faz cada um alternadamente, que estou diante de um inglês e um alemão. O time inglês, na presença de sua rainha, faz então "o gol da bola que não entrou" – famoso na história das Copas – e pouco depois termina o jogo: 4x2 para os ingleses. Os três viajantes no convés se mantêm em silêncio. A transmissão se encerra. Desta vez não tenho por que comemorar. Os outros dois se aproximam, cumprimentam-se cortês porém secamente e se vão. No convés inferior, da cozinha, um ruído denuncia que estão jogando lixo ao mar. As gaivotas se alvoroçam, mas eu prefiro continuar a ver, ao largo, a ilha de Creta que, aos poucos, desaparece no horizonte.

4. Caçando vulcões

Islândia, setembro de 1982

Poucas pessoas vindas dos trópicos podem dizer que foram à Islândia a trabalho. Pouquíssimas poderão acrescentar a essa viagem a oportunidade de comemorar seu aniversário nessa ilha perdida nas brumas do Atlântico Norte. Pois essa foi a experiência que vivi durante os dias em que percorri uma parte desse curioso país, talvez a república mais antiga do mundo, pois foi constituída há mais de mil anos.

Povoada inicialmente por um grupo de vikings que, da península escandinava navegavam para o oeste em busca de novas terras e aventura, a Islândia – literalmente "terra do gelo" – tem a maior parte de seu território coberta por geleiras. Em seus campos pastam ovelhas lanosas e cavalos de pequena estatura que, após sobreviverem durante vários séculos em temperaturas extremamente baixas, adaptaram seus organismos às condições climáticas locais. Não existe fauna nativa e, por outro lado, os cães, também introduzidos pelo homem, são hoje, por lei, proibidos no país, com apenas duas exceções: os cães-guia para cegos e os cães pastores de rebanhos.

País de origem vulcânica, onde novas ilhas ainda podem emergir inesperadamente do oceano, tal como surgiu, em 1963, a ilha Surtsey, a Islândia tem na energia geotérmica uma fonte inesgotável para suprir o calor que requer para calefação de suas casas durante praticamente todo o ano. A capital, Reykjavik, é abastecida por água quente captada no subsolo e armazenada em imensos tanques localizados no caminho do aeroporto nacional de Keflavik. Ali aterrissamos num final de tarde após sobrevoar a imensa geleira de Vatnajökull, a maior da Europa, que cobre grande parte da superfície do país.

Sem árvores devido às extremas condições climáticas e aos ventos frios e cortantes que açoitam constantemente seus campos, a Islândia deverá ser, dentro de alguns anos, o primeiro país a eliminar o uso dos combustíveis fósseis. Não dispondo de carvão, de petróleo e tampouco de lenha, contando com uma legislação ambiental bastante estrita, que controla com rigor as emissões de suas poucas indústrias, a Islândia planeja converter toda sua frota de veículos para o uso do hidrogênio. Os primeiros ônibus movidos por esse gás limpo entraram em circulação em 2003, precedendo táxis e veículos particulares, que lhes seguirão.

O idioma local, o islandês, conserva quase intacto o falar dos vikings que povoaram o país. É uma língua escandinava, tal como o dinamarquês e o sueco, mas sua gramática e mesmo algumas letras adicionais em seu alfabeto lhe são peculiares. Creio que é o único idioma que, além do português, numera alguns dos dias da semana: terça-feira em islandês se traduz como "terceiro dia" e quinta-feira como "quinto dia". Os demais seguem a tradição anglo-saxônica: dia do sol (domingo), dia da lua (segunda-feira), mas o sábado é, prosaicamente, o "dia do banho"!

Viajando em companhia de um colega de trabalho, engenheiro de minas com sólidos conhecimentos de geologia, minha missão era inspecionar uma indústria metalúrgica de construção recente, que consumia parte da abundante energia elétrica disponível no país. Era uma indústria moderna, limpa, seguindo os mais avançados preceitos da proteção do meio ambiente, apesar de instalada em um país praticamente despovoado (toda a Islândia tem apenas 240.000 habitantes, dos quais mais de um terço vivem em sua capital).

Encerrado o trabalho que nos levara a esse fim-de-mundo, dedicamos alguns dias a visitar as curiosidades naturais que nos cercavam – geleiras, vulcões, gêiseres – e conhecer um pouco de uma cultura tão diversa da nossa. Num carro alugado, saímos a percorrer as estradas de terra, muito pedregosas, que cortam o sul do país. As belezas naturais descortinadas compensaram os sacrifícios. A grande semelhança com as inóspitas paisagens lunares foi aproveitada pela NASA para treinar aqui alguns de seus astronautas. Após algumas buscas, dirigindo por percursos mal sinalizados, chegamos finalmente ao maior gêiser do país. Essa palavra vem de *geysir*, que na língua local significa jorrar. É um imenso jato intermitente de água quente, fervente mesmo, que provém das profundezas da terra e que brota a intervalos regulares de um solo desnudo coberto apenas por sais fumegantes. Júlio Verne soube, com argúcia e simbolismo, ambientar na Islândia seu romance *Viagem ao Centro da Terra*.

Mais adiante, depois de novas tentativas por caminhos quase intransitáveis para o carro, conseguimos alcançar uma das mais belas quedas d'água conhecidas: Gullfoss, a "Cachoeira Dourada", que faz jus ao nome. Descendo em torrentes sobre formações de lava, a água resplandece ao sol, justificando a denominação dessa queda invulgar. Muito menor do que Iguaçu, é bem verdade, mas surpreendente por sua localização, entre geleiras e vulcões, Gullfoss contribui para que os quatro elementos da mitologia – fogo, terra, água e ar –, todos em estado puro e virginal, aqui se apresentem juntos, em sua forma natural.

Percorrendo vilarejos do interior, encontramos por toda parte pequenos gêiseres e algumas fumarolas, que são minúsculas emissões de gases vulcânicos. Lembro-me bem do pátio de um jardim-de-infância que visitamos, onde as criancinhas brincavam em balanços e gangorras, em meio ao vapor que brotava do solo! E, pouco mais adiante, o vapor geotérmico era também utilizado para aquecer estufas, onde se cultivavam tomates, pepinos e pimentões.

Ainda nos fazia falta, todavia entrar em uma cratera de vulcão, nessa peregrinação por fenômenos naturais exóticos a que nos propusemos. Os conhecimentos de geologia de meu companheiro de viagem ajudaram muito. Tipos de formações rochosas, disposição de suas dobras geológicas, até as cores das pedras nos ajudaram na localização, por tentativas, do que deveria ser uma cratera extinta. A ajuda final veio de um fazendeiro local – criava gado estabulado – ao qual recorremos, visitando-o em sua fazenda. Lançando mão da mímica e de radicais escandinavos emprestados de outras línguas, conseguimos finalmente explicar-lhe nosso estranho desejo: chegar à boca de um vulcão. Foi fácil a partir daí. Com um gesto largo e amistoso, o fazendeiro indicou-nos que seguíssemos seu carro. Lá fomos nós, numa caravana de dois carros, através de um deserto pedregoso, até chegarmos a um local elevado, com o solo coberto por grama rala. Vencida a encosta da elevação, deparamo-nos com uma cratera com o diâmetro de uns 300 metros, tendo no fundo um plácido lago de águas azuladas. Comparado com o

Hekla, o grande vulcão da Islândia ainda ativo, que somente pudemos divisar ao longe, esse nos pareceu um manso vulcãozinho, talvez até sem nome, mas que passou a ser, afinal, o "nosso" vulcão, naquela terra inóspita e primitiva. Gravei apenas o nome do lugarejo próximo: Kerid.

É justo que, depois de um dia de tantas descobertas, em que nos alimentamos apenas de peixe seco e água de torrentes, comemorássemos nosso retorno ao século XX com um jantar no melhor restaurante de Reykjavik. Tinha também meus motivos pessoais para comemorar, pois era o dia de meu aniversário. Depois de um telefonema para a família no Brasil, dando-lhes conta de que ainda estava vivo, convidei para jantar todos os meus amigos em um raio de aproximadamente 3.000 km: meu colega de trabalho e de aventuras geológicas e um engenheiro norueguês que conhecêramos havia poucos dias. Foi uma curiosa comemoração, regada a aguardente local feita de ervas do campo e destilada com água de geleiras. Um farto bufê de peixes e frutos do mar completou a festa.

Passados alguns anos, sobrevoando a mesma região a bordo de um avião comercial que me levava da Alemanha a Nova York, a onze mil metros de altitude, assisto a um filme que é subitamente interrompido por uma mensagem do comandante. Este, com sua precisão germânica, informa aos passageiros pelo alto-falante de bordo que estávamos avistando o sul da Islândia, "país dos gelos e dos gêiseres", explicou-nos. Tentei, lá do alto, rever o nosso vulcãozinho Kerid. Foi em vão. Era muito pequeno ou, então, uma nuvem o encobrira.

Europa Ocidental e Central

5. O reitor de Coimbra

Portugal, janeiro de 1961

Éramos dez engenheiros brasileiros, recém-formados, chegando a Lisboa em uma manhã de inverno, trazidos pelas asas da Panair do Brasil, a empresa aérea que fazia os vôos para a Europa de então. Era um quadrimotor Douglas DC-7C, o último modelo comercial a hélices a enfrentar a travessia do Atlântico antes do domínio absoluto dos jatos.

Partíramos do Rio de Janeiro pela manhã e, durante uma escala para reabastecimento na Ilha do Sal, em Cabo Verde, ofereceram-nos, de jantar, uma gostosa peixada. Um solo ressequido, desprovido de vegetação, e ventos quentes carregados de areia lembravam-nos que estávamos na África tropical, nesse primeiro contato que tínhamos com terras estrangeiras. O arquipélago de Cabo Verde era, então, uma "província ultramarina" de Portugal, eufemismo empregado para designar suas colônias, que ainda resistiam aos ventos libertários que já haviam varrido as colônias inglesas e francesas e que estavam assolando então, dramaticamente, o Congo Belga. Atualmente Cabo Verde é um país independente, um dos cinco que falam o idioma português naquele continente. Após a inesperada peixada e algumas horas mais de vôo bordejando o continente africano, a aterrissagem no aeroporto lisboeta de Portela de Sacavém nos colocava no "jardim da Europa à beira-mar plantado".

O objetivo de nossa viagem era complementar, com visitas técnicas e estágios práticos em vários países europeus, os conhecimentos teóricos absorvidos durante cinco anos nos bancos da Escola Nacional de Engenharia, sucessora direta da Escola Polytechnica dos tempos do Império. Portugal, porta de entrada natural para nós que vínhamos do sul, seria o primeiro país a visitar. Ademais, o Portugal de então tinha, para os engenheiros, uma importância especial: era um dos países mais avançados em engenharia civil e obras hidráulicas. O Laboratório Nacional de Engenharia Civil – LNEC – em Lisboa estava entre os mais conceituados do mundo. Seus técnicos eram respeitados internacionalmente por seus projetos hidráulicos e seus cálculos de grandes estruturas. Nossa visita, articulada graças ao prestígio de que gozava em Portugal um grande amigo e mestre, o professor Mário Brandi, assumiu logo um caráter de visita "quase-de-estado". Em toda parte éramos entrevistados, fotografados e homenageados. Fartos almoços, jantares solenes, recepções por toda parte ensinavam, a nós jovens de vinte e poucos anos, a proceder corretamente no uso dos talheres e na etiqueta dos brindes com os bons vinhos da terra. Um dos almoços em nossa homenagem, servido no Palácio de Queluz, durou mais de quatro horas!

Depois de alguns dias em Lisboa e no Alentejo partimos para o norte, a bordo do Foguete. Esse era o nome do trem expresso, ou melhor, do "comboio" que nos levou a Coimbra. Cidade antiga, a Coninbriga dos celtas e romanos tem sua maior glória no ensino superior. Suas faculdades, antigas e renomadas, formaram toda a inteligência brasileira dos séculos coloniais. Ali estudou nosso José Bonifácio de Andrada e Silva, que antes de ser político era um grande cientista – poucos sabem ter sido ele o descobridor do lítio, que foi encontrar em uma ilha na costa da Suécia! Pois foi na Universidade de Coimbra que tivemos por cicerone, durante todo um dia, o próprio Senhor Reitor! Levou-nos ele para conhecer as bibliotecas – a antiga, cobrindo até o século XVIII, e a nova, a partir do XIX –, as capelas, o teatro, o centro estudantil e, para completar o roteiro, o Salão dos Atos – ou melhor, dos Actos, na ortografia local –, onde se realizam as solenidades máximas e as cerimônias de doutoramento.

O governo português de então, afastado da Europa que começava a se unir, acalentava outro sonho: constituir a Grande Comunidade Luso-Brasileira que, mirando-se no modelo da Commonwealth Britânica, pudesse reunir os povos de língua portuguesa, integrando nessa comunidade todas as províncias ultramarinas: Macau na China, Goa e a Índia Portuguesa, Moçambique, Cabo Verde, Timor, São Tomé e Príncipe, Guiné e Angola. Esta última, talvez a mais rica e promissora, era a verdadeira jóia da coroa. E foi num desvão de um dos salões da universidade, junto a uma janela que dava para um pátio interno, que o Reitor reuniu a todos nós e falou-nos com uma entonação professoral: "Meus jovens, venham cá e ouçam-me bem e com atenção! O Brasil e Portugal têm uma grande missão: civilizar a

África! Pois que a África não é só nossa, é também vossa!" Essa frase, dita por um reitor, assombrou a todos e deixou-nos estupefatos. Então, estávamos ganhando a África? Ora pois, nós que já tínhamos toda essa Amazônia para cuidar e todo nosso planalto central, apenas recentemente arranhado para receber Brasília, havia menos de nove meses inaugurada! Arregalamos os olhos e, num misto de surpresa e suspeita, fixamo-nos nas pupilas do senhor reitor... Que presente estranho esse! Para não decepcionar tão ilustre anfitrião, preferimos assentir a contestar, mas nosso súbito silêncio deve ter sido, para o reitor, no mínimo incômodo.

Partimos de Coimbra dois dias depois, no rumo norte, para visitar inúmeras barragens nos vales dos rios Douro, Cávado e Rabagão, passando por Braga e chegando a Chaves, na fronteira com a Espanha. Os técnicos portugueses eram, então, expertos no aproveitamento dos rios com a construção de sucessivas barragens de pequeno e médio porte. Os reservatórios d'água assim formados – as albufeiras como ali são chamadas –, por terem poucos quilômetros de extensão, não afetavam de forma expressiva os ecossistemas locais. No norte português visitamos também a cidade do Porto e lá inspecionamos as fundações da Ponte da Arrábida, em construção, que disputava com a nossa Ponte da Amizade, que liga Brasil e Paraguai, a honra de ter o maior arco de concreto armado do mundo (a nossa é poucos metros maior).

E finalmente, depois de muito vinho e bacalhau preparado de mil maneiras, completamos esse périplo por terras lusitanas e seguimos viagem para a Espanha, cumprindo um roteiro que nos levaria a quinze países durante os cinco meses seguintes, num verdadeiro *tour-de-force*! Menos de duas semanas tinham se passado desde a estranha conversa com o reitor em Coimbra, quando, já na França, lendo o jornal Le Monde, vemos uma pequena notícia na página internacional: "movimento de guerrilha eclodiu no interior de Angola e requer o envio de tropas portuguesas para debelá-lo". Lembramo-nos então do presente que modestamente recusáramos. Essa guerrilha, transformada em carnificina, estendeu-se por mais de quarenta anos. A África não era deles, portugueses, como pensava o Senhor Reitor, nem deveria ser nossa. A África teria que ser dos africanos.

6. O trem do destino

Mar Báltico, outubro de 1962

Manhã de outono, vento frio, dia nublado. Na plataforma da estação ferroviária central de Malmoe, no extremo sul da Suécia, reúno minhas malas e pertences. Estou partindo em definitivo desse país modelar. Ali vivera os últimos dois anos, ganhando muito bem como engenheiro projetista de navios, em uma sociedade planejada, talvez a mais avançada do mundo naquela época. Porém, o destino me chamava para o sul: decidira-me a ir para a Alemanha fazer um curso intensivo de alemão, idioma que resolvi estudar depois de ter aprendido bem o sueco.

O Sassnitz Express deve partir às 08:34 rumo a Munique, na Alemanha Ocidental, atravessando a República Democrática Alemã, mais conhecida então como a Alemanha comunista ou Alemanha Oriental. Serão quase 24 horas de viagem. Na plataforma minha namorada sueca, tristonha e agora já em prantos, acena enquanto o trem se afasta. Vejo-lhe ainda as lágrimas a rolar pela alva face. Mas minha decisão de partir daquele paraíso estava tomada antes mesmo de conhecê-la: já era hora de pensar em regressar ao Brasil.

A viagem transcorria tranqüila pela planície da Escânia, a província mais meridional da Suécia, até chegarmos ao porto de Trelleborg, onde o trem foi embarcado em um *ferry-boat*, para podermos cruzar o Mar Báltico. A travessia dura quase quatro horas. Mar relativamente calmo, apesar do frio vento que soprava continuamente. No convés travei contato com um alemão, professor, que fora ensinar seu idioma na Suécia e regressava a sua casa. Morava em Berlim Ocidental, o enclave capitalista que tanto incomodava então as autoridades comunistas, levando-as a construir, um ano antes, o Muro que cercava toda a cidade. Aportamos na cidade de Sassnitz, onde o trem retoma sua marcha sobre trilhos, rumo a Berlim. O ar recende a enxofre, resultado da queima de linhito, um carvão mineral de baixa qualidade que alimenta as usinas termoelétricas do país. A falta de sistemas de lavagem dos gases de combustão nessas centrais causava esse terrível mau odor que impregnava todo o país. Às margens da ferrovia, casas mal cuidadas, cidades tristes, estradas precárias, ainda lembrando os anos de guerra.

Ao anoitecer chegamos à estação de Berlin-Ost, uma das mais importantes da antiga capital agora dividida. Nessa estação deveríamos parar durante 36 minutos, de acordo com o que constava do horário oficial das Ferrovias do Reich Alemão, como ainda eram chamadas na parte comunista desse país dividido. Meu companheiro professor convidou-me então a saltar enquanto o trem se reabastecia, para darmos uma volta em torno da estação. Ruas escuras, mal iluminadas, lojas antigas, com luzes mortiças. Poucos automóveis, com seus obsoletos motores de dois tempos, deixavam um rastro de poluição cheirando a óleo queimado. O povo, esquivo, lançava-nos olhares desconfiados. Todos silenciosos como resultado de quase 30 anos dos regimes totalitários – nazismo e comunismo – que ali se sucederam sem intervalo. Eu deixara, imitando o professor, toda a minha bagagem na cabine do trem. Saltei apenas com o passaporte no bolso, o que sempre faço. Foi minha sorte! Ao voltarmos à estação, dentro do tempo previsto, não vimos nenhum trem: a grande estação estava completamente vazia! De súbito vejo encostar, em uma outra plataforma, um trem que, pela cor dos vagões e símbolos pintados, era também da Alemanha Ocidental, a capitalista. Só pode ser o nosso, pensei, pois os trens estrangeiros são poucos, para um trânsito de passageiros na época praticamente inexistente entre os dois países. Corri então, desabaladamente, tentando ainda alcançar o trem que já partia. Gritos chamam minha atenção – militares armados tentam me impedir de alcançar o trem que parte. Só então percebi que não era o nosso trem, pois esse partia para Hamburgo e não para Munique. Fui imediatamente abordado pelo chefe da estação que, ao perceber ser eu um estrangeiro que perdera o trem (que partira adiantado, a bem da verdade), fica também muito nervoso – não estava previsto, em seus manuais, um estrangeiro, sem permissão especial, perder seu trem! Só então percebi que escapara de ser liquidado por tentar fugir do comunismo, tomando um trem que rumava ao ocidente. Fuzilamentos por tentativas de fuga, em circunstâncias equivalentes à que eu estava vivendo, eram freqüentes naqueles anos de guerra-fria-quase-quente, nessa cidade tão peculiar, símbolo de um mundo dividido.

E foi nesse momento de angústia, inquirido somente em alemão pelos que me cercavam, que fiz uma grande descoberta: comecei a me expressar, embora precariamente, numa língua que nunca estudara e na qual mal conseguia ler alguma coisa! Estava entendendo, para meu espanto, quase tudo que falavam os militares e conseguia formar frases que me saíam da boca de forma inexplicável. Aprendi mais tarde que nosso cérebro registra muitos conhecimentos que ficam guardados, sem uso, em nosso inconsciente. Por outro lado, meu domínio do sueco, idioma relativamente próximo do alemão, facultou-me, naqueles momentos de grande aflição, buscar nos escaninhos mais empoeirados da memória palavras e expressões equivalentes no alemão, que eu mesmo julgava não conhecer. Deve ser algo parecido com o que ocorre, diz-se, com os moribundos, que em seus momentos finais vêem aflorar todas as suas lembranças e se recordam de toda a sua vida em um átimo.

Percebi também, isso mais tarde, depois de superado esse episódio, que o hábito de ouvir rádio e de tentar ler cartazes, avisos e anúncios comerciais em uma língua estranha me ajudara a acumular esses conhecimentos, que estavam aflorando das profundezas de minha mente nesses momentos de grande tensão. Consegui, dessa forma, explicar a meus inquisidores que estava indo para Munique estudar, mostrando-lhes o passaporte e a passagem que, por sorte, também trazia no bolso. E começamos então, agora todos juntos, uma nova correria: o chefe da estação de Berlin-Ost, nesse entretempo, mandara sustar a marcha de nosso trem na estação seguinte – a da Alexanderplatz – antes que o mesmo cruzasse a fronteira para o mundo capitalista. Tendo à frente uma funcionária da ferrovia, com ordem de me colocar naquele trem a qualquer custo, saltamos catracas, vencemos barreiras de controle e, num trem local, conseguimos chegar à outra estação.

Mas o incidente ainda não terminara, pois tive que ser entrevistado pela polícia de segurança – a Volkspolizei ou Polícia do Povo – e demonstrar que não era um fugitivo do regime. Em meu alemão (agora bem compreensível, acreditem!) expliquei que era brasileiro, mostrei meu passaporte, tentando esclarecer o ocorrido. Os guardas fitaram-me longamente, com desconfiança, suspeitosos de um embuste e finalmente permitiram-me chegar à plataforma. A cena que então vi jamais esquecerei: um longo trem – o meu, agora sem dúvida – aguardava-me com apenas uma das portas aberta. No extremo da plataforma, o chefe da estação

Alexanderplatz, de braço erguido, segurava a bandeira que liberaria a partida do comboio. Estava apenas à minha espera. Diante da porta aberta, já com a certeza de que eu não chegaria em tempo, haviam empilhado na plataforma toda minha bagagem. Tive tempo apenas para recolher tudo e, num salto, subir os degraus do mesmo vagão no qual chegara. Suava em bicas. O coração disparado denotava minha tensão. Os outros poucos passageiros desse estranho trem se entreolharam ao me ver chegar esbaforido. Sentei-me e, pouco depois, estava dormindo! Naquela noite ainda cruzamos duas vezes a Cortina de Ferro, paramos em várias estações – a bela Leipzig entre elas –, mas nem arrisquei saltar até chegar à estação final – Munique – numa manhã bávara de outono, com o céu azul e muito frio.

Meu curso de alemão, em Murnau, uma encantadora cidadezinha nos contrafortes dos Alpes, foi um sucesso. Em oito semanas consegui extrair dos desvãos da memória tudo aquilo que tinha acumulado sem saber, apenas ouvindo rádio ao longo de dois anos! Minha professora, uma alemã com dois metros de altura, encantou-se com minha capacidade para aprender tão rápido uma língua até então desconhecida. Nunca lhe contei o meu segredo.

De minha loura namorada sueca, depois de algumas cartas que trocamos, jurando nos rever um dia, não tive mais notícias. E passados muitos anos, viajando nesse mesmo trem em companhia de meu filho mais velho, também engenheiro e hoje um escandinavo por opção, ouvi dele uma pergunta para a qual não tenho até hoje uma resposta clara: "Por que você voltou para o Brasil, pai?" Creio que foi o destino. Naquela fria manhã sueca eu tomara o trem do meu destino.

7. Outono na Baviera

Alemanha, outubro-novembro de 1962

O outono começava a dourar as paisagens dos Alpes quando cheguei a Murnau para imergir num curso intensivo de alemão, nessa cidade minúscula que quase se resumia à sua rua principal, distando cerca de 70 km de Munique, a capital da Baviera. O trem de tráfego local que levaria outros passageiros mais para o sul, até a fronteira com a Áustria, parou na pequena estação, onde fui um dos poucos a saltar. Toca então a reunir malas e outros pertences e rumar para a casa que me abrigaria por dois meses – a casa de Frau Bader. Fazendeira na região, viúva que morava na cidade com os dois filhos que cuidavam da fazendola próxima, ela concedeu-me uma recepção cortês e fria: "Aqui é seu quarto; ao lado vai morar um outro estudante, francês, e no final do corredor um professor de Madagascar, que veio aperfeiçoar seu alemão; à noite desligamos o aquecimento, pois o óleo combustível está caro – sabe, esses rumores de guerra nos preocupam, pois estamos muito próximos da fronteira tcheca, por onde passa a Cortina-de-Ferro..." Banho? Nem pensar! Deveria ir ao barbeiro da cidade, que, no fundo da barbearia, instalara uma "sala de banhos", consistindo de uma velha banheira e um chuveiro do tipo "telefone", daqueles de cabo flexível que sempre escapam a nosso controle e molham todas as paredes. Cada banho, cabe esclarecer, deveria ser pré-agendado, com data e hora marcadas, e pago.

Na manhã seguinte me apresentei no Instituto Goethe, onde estudaria. Fiz um teste e fui classificado na turma de principiantes-adiantados (havia a turma dos principiantes-atrasados, que não sabiam sequer dizer bom dia). Meus conhecimentos de sueco, idioma aparentado que então falava com alguma fluência, ajudaram-me no exame classificatório a que fui submetido. Dez alunos vindos de várias partes do mundo e eu, do Brasil, ficamos sob o domínio de uma professora alemã ainda jovem, austera, altíssima, meio ruiva e estrábica divergente. As aulas começaram de imediato – tínhamos oito semanas de curso intensivo pela frente, com oito horas de aulas por dia. Portanto, mãos à obra!

Nas turmas mais adiantadas três outros brasileiros – duas do Rio e um de São Paulo – completavam nosso grupo de língua portuguesa, ao qual se agregou depois um português da turma dos principiantes-atrasados. O café da manhã era servido no próprio Instituto, para obrigar os alunos a chegar cedo (morávamos todos em residências espalhadas pela cidadezinha). O almoço, em grupo, era servido em uma estalagem situada na estrada que subia para os Alpes. Aprendemos logo que deixar comida no prato, destinada ao lixo, era considerado um pecado imperdoável numa terra em que, durante a guerra, tantos passaram fome. O jantar? Bem, esse era por conta de cada um. Em geral comíamos salsichas e frios variados, regados a cerveja, em uma das três cervejarias da cidade e ao som das típicas e animadas orquestras bávaras.

Uma das brasileiras foi designada para morar na casa mais antiga da cidade, aquecida ainda com carvão de pedra. Era uma casa histórica, pois fora retratada em um quadro de Vassily Kandinsky, renomado pintor impressionista que ali vivera. Poucas das casas da cidade tinham aquecimento central como se usa modernamente. Queimando carvão, óleo combustível, óleo diesel ou até mesmo lenha, em pequenas estufas ou lareiras de pedra, conseguia-se quando muito reduzir o frio que penetrava os ossos, apesar de estarmos ainda no outono. Para o meio ambiente o uso desses combustíveis era nefasto, pois além de poluírem o ar emitiam particulados que se depositavam por toda parte, sujando móveis e, principalmente, as golas e os punhos das camisas.

Nos fins de semana não havia aulas e todos partiam para o campo. A Baviera é uma região de grande beleza. Os Alpes, vistos ao longe com seus picos nevados, emolduram alguns dos melhores castelos construídos pelos reis locais. Entre eles, Linderhof, Neuschwanstein, Füssen são pontos de visita obrigatória. Também visitamos mosteiros beneditinos (onde se fazem bons licores) e as tradicionais igrejas bávaras, com suas torres em forma de cebola. Uma arrojada ferrovia elétrica, de cremalheira feita para vencer o grande aclive, leva-nos ao topo do Zugspitze, o ponto culminante da Alemanha, onde esta faz fronteira com a Áustria a precisamente 2.964 metros de altitude como informa a placa instalada no local. Menos distantes ficam Mittenwald, famosa pela fabricação de violinos, e Oberamergau, a cidadezinha onde se encena, na Semana Santa, a Paixão de Cristo personificada pelos próprios habitantes do local, que conservam suas longas barbas durante todo o ano. Na rápida visita que fiz ao lugarejo creio ter visto São Pedro conversando, numa esquina, com Maria Madalena!

Nas tardes de domingo fazia-se o *footing* na rua principal de Murnau. Alunos e professores se cruzavam nas calçadas, entremeados pela população local que saía, àquelas horas, do único cinema da cidade. Após algumas semanas de prática desse convívio social todos já se conheciam e corria o boato de que a professora alta e estrábica olhava com enlevo para um de seus alunos, justamente o brasileiro. Jamais se comprovou essa afirmação, até porque a condição óptica da mestra lhe permitia encarar, ao mesmo tempo, dois alunos...

Chegávamos ao fim do curso já com o inverno cobrindo de branco toda a paisagem. A caminhada forçada matinal para alcançar, em tempo, o desjejum, tornava-se, dia a dia, mais cansativa e escorregadia nos trechos de rua congelados pelo frio. No dia do encerramento do curso e das despedidas, os brasileiros das várias turmas se saíram muito bem. Isso confirma uma observação que faço desde então, de que a fonética alemã é bastante fácil para quem fala português e, com a ajuda do latim que ainda se ensinava naquele tempo nos colégios no Brasil, a gramática alemã com suas declinações e complexas formações verbais se tornava, também, menos hermética para nós. Nossos vizinhos de língua castelhana não têm essa vantagem, pelo que percebi então.

Durante esse período de estudos em Murnau o mundo superara a crise dos mísseis de Cuba, que somente percebemos devido aos intensos deslocamentos de comboios militares e pelos trens que víamos passar, transportando carros blindados na direção da fronteira tcheca. Uma das estudantes norte-americanas recebeu dos pais, nos Estados Unidos, um chamado urgente para regressar à sua casa a fim de, diziam eles à filha, "morrerem todos juntos"... No final de novembro, felizmente, a vida voltou ao normal, a hecatombe nuclear fora evitada, e partimos todos para umas merecidas férias em Munique. Foram dias regados a cerveja, com incursões aos magníficos museus da cidade, dentre os quais se destaca o

Museu Alemão da Técnica, sem favor o melhor museu técnico do mundo, com sete andares de exibições didaticamente organizadas sobre química, mineração, instrumentos musicais, aviação, física, metalurgia e tudo o mais que se possa imaginar como fruto do engenho humano. Se fosse contar as várias vezes em que ali voltei, em anos posteriores, para levar meus filhos e alguns alunos, devo já ter passado vários dias inteiros no interior desse museu.

As visitas à cervejaria mais famosa da cidade, a Hofbräuhaus, eram diárias. Ali era o ponto de encontro dos colegas que tinham cursado as várias classes do Instituto Goethe em Murnau. Já tínhamos até uma mesa reservada, próxima à banda de música que animava continuamente o ambiente. Comia-se salsicha com salada de batatas ou um prato de frios variados, sempre acompanhados de cerveja em canecas de 1 litro (a menor quantidade vendida no local). Entre os freqüentadores assíduos desses saraus havia um chileno, que, depois de ter morado algum tempo no Brasil, lembrava-se ainda, com encanto, daquela modinha de carnaval que começa com o verso "Oh jardineira, por que estás tão triste? Mas o que foi que te aconteceu?". Após o quinto litro de cerveja nosso companheiro invariavelmente cantava essa canção, onde quer que estivesse. Vi-o cantando-a no banheiro da cervejaria, rodeado de alemães curiosos, que se voltavam para melhor ouvi-lo. Cantava-a com um curioso acento espanhol e às horas tantas se emocionava às lágrimas. A última vez que o encontrei, na véspera de minha partida da cidade, cantava a mesma canção numa das praças principais de Munique, o Stachus, enquanto aguardava um bonde. Já era tarde da noite e os transeuntes que o rodeavam, quase todos trôpegos e enrolando a língua, aplaudiam-no com entusiasmo embora nada entendessem da letra da canção (e creio que ele também não...).

Passaram-se os anos, fiz minha carreira profissional longe das cervejarias e, em uma de minhas viagens de negócios à Alemanha, na década de 1990, decidi rever Murnau. Arrependi-me e prometi nunca mais voltar. Tenho minha teoria particular, de que não se deve retornar a lugares dos quais guardamos lembranças muito felizes e muito especiais. As decepções são quase certas e Murnau se enquadra nesse caso. A pequena cidade, de casas tradicionais e ruas de paralelepípedos, transformou-se desde então em um emaranhado de ruas asfaltadas, com blocos residenciais por toda parte. O Instituto Goethe tem um novo prédio, moderno e asséptico. A preocupação com a reciclagem do lixo – praticada de forma quase obsessiva pelos alemães – e a eliminação do uso do carvão no aquecimento doméstico e nas velhas locomotivas a vapor tornaram o meio ambiente inegavelmente mais limpo e saudável. Mas a casa onde morei estava agora sem seu pomar, transformado num edifício de escritórios; o barbeiro onde tomávamos banho com hora marcada já não existia; as cervejarias já não tinham suas bandas tradicionais com música típica ao vivo; as estradinhas vicinais eram agora auto-estradas, congestionadas nos domingos. Não consegui sequer reencontrar a casa retratada por Kandinsky – será que a demoliram?

8. Viena dos Habsburgos

Viena, Áustria, a partir de dezembro de 1962

Capital de um dos grandes impérios europeus até 1918, Viena viu sua importância política reduzir-se ao longo do século XX, tornando-se apenas a capital de um pequeno país de escassa importância econômica. Seu passado imperial, estampado nas grandes edificações que ainda ostenta, recebeu outro grande golpe com os bombardeios que sofreu durante a Segunda Guerra Mundial e, ainda como conseqüência da mesma, com a divisão forçada em quatro setores de ocupação estrangeira que, a exemplo de Berlim, constrangeu-a até 1958. A partir dos anos 1960, todavia, Viena ressurgiu como grande capital, não mais política, porém cultural e também diplomática, ao abrigar a sede de diversas organizações internacionais.

Embora já a tivesse visitado rapidamente, pela primeira vez, em 1961, levando uma impressão melancólica das dificuldades econômicas do pós-guerra por que sua população ainda passava, foi em dezembro de 1962 que pude efetivamente conhecê-la, fruindo, por um período de duas semanas, de sua grandeza cultural renascida. Fiquei hospedado em um apartamento fronteiro à Catedral de Santo Estevão, onde partilhei acomodações com um bispo brasileiro que regressava do Concilio Vaticano II e um pianista que, ao completar seus estudos no Conservatório local, aprestava-se a regressar ao Brasil carregando sua coleção de discos clássicos que, empilhados, já atingia 2 metros de altura! Mas foi a Ópera de Viena, restaurada em seu esplendor, minha pousada predileta nesse período. A *Flauta Mágica*, de Mozart, *O Barbeiro de Sevilha*, de Rossini, e, excepcionalmente, *O Morcego*, de Strauss (única opereta com *status* suficiente para ser ali encenada), foram espetáculos a que assisti com emoção, em noites frias que terminavam com bons vinhos em companhia dos amigos que me hospedavam. Esse banquete cultural era completado pelos cinemas de arte, pelos grandes museus já inteiramente restaurados e por passeios ao campo, mesmo no inverno, como aqueles que fiz a Grinzing, a pitoresca aldeia vinícola hoje integrada no complexo urbano da capital, e a Heiligenstadt, para recordar Beethoven no local em que ele escreveu seu famoso Testamento.

Com o passar dos anos, breves visitas a Viena sempre completavam minhas viagens aos países próximos – Hungria, Romênia, Suíça, Itália – até que um fato novo intensificou nossas relações. A partir de 1989 passei a visitá-la, dessa vez com relativa freqüência, para prestar serviços às Nações Unidas. A ONU ali havia instalado um complexo de edificações designado como UNO-City, que abrigava várias de suas agências. Localizados às margens do rio Danúbio, que raramente está tão azul como sugere a valsa famosa, e servidos pela primeira linha de metrô da capital, de construção moderna e arquitetura avançada, os escritórios locais da ONU transformaram-se logo num importante centro de negociações internacionais, devolvendo à cidade parte de sua importância política perdida. Um novo ciclo de relações profissionais começava também para mim, como consultor em desenvolvimento industrial daquela organização. Hospedava-me sempre em um pequeno hotel instalado na casa onde nascera em 1888 o compositor Max Steiner, conhecido pelas trilhas musicais que compôs para vários filmes famosos, entre os quais *E o Vento Levou* e *Casablanca*. A duas quadras apenas desse hotel fica a casa, hoje museu, onde morava Johann Strauss, o filho, e não muito longe, no canal do Danúbio, permanece fundeado o navio fluvial utilizado na famosa cena de chegada a Viena, pelo rio, de Sissi, a futura imperatriz, no filme de mesmo nome estrelado pela inesquecível Romy Schneider. Esse navio – o Johann Strauss, como foi rebatizado – está hoje transformado em restaurante flutuante e ali assisti a um colega da ONU, professor em Roma, improvisar ao piano algumas canções, numa noitada que prosseguiu com os bons vinhos da adega de bordo. Foi muito aplaudido como pianista, apesar de ser também um brilhante economista.

Os anos difíceis de Viena já fazem parte do passado. Integrada à Europa agora unida, a Áustria oferece bons exemplos do zelo com o meio ambiente, que sua população pratica de forma equilibrada. A Kärtnerstrasse, uma das ruas mais chiques do mundo, é também uma das mais limpas. Transformada em calçada para pedestres, liga a Catedral à Ópera, aproximando o divino do mundano. Nos parques, nas tardes de verão, orquestras lembram aos transeuntes que estamos na capital mundial da música. Prédios de fachadas escovadas e ruas impecavelmente limpas nos dão um exemplo dignificante de integração do homem no ambiente urbano que criou. Viena é, com efeito, uma lição para muitas outras cidades de seu porte.

Nos anos 1990 as missões para a ONU se sucediam amiúde e minhas visitas à cidade se tornavam ainda mais freqüentes. Partindo ou regressando da África, da Ásia ou de outras regiões para as quais me designavam, tinha sempre que visitar o Centro Internacional em Viena. E nas horas vagas, apesar de serem sempre escassas e breves, os museus e as salas de concerto eram meus destinos favoritos. A Sociedade Musical, o Palácio Hofburg, a Ópera eram minhas paradas obrigatórias. Próximos a essa última, o Café Mozart e o Café do Hotel Sacher, o mais seleto da cidade, mereciam também ser visitados. Suas tortas, famosas, trazem-me saudades. Também a Escola Espanhola de Equitação da antiga corte, com seus maravilhosos cavalos amestrados, e as igrejas históricas, eram pontos que me seduziam. Entre as igrejas me atraía sempre a dos Agostinianos, integrada ao complexo de edificações da corte dos Habsburgos, a dinastia que reinara até 1918.

Pois foi nessa igreja da corte imperial que participei, no dia de Finados de 1990, de uma invulgar experiência. Estava programada para o anoitecer daquele dia uma missa solene, de réquiem, com a presença do cardeal de Viena, do alto clero e de seletos convidados. O corpo diplomático e outros altos dignitários deveriam estar também presentes. Sendo o evento público, aprestei-me para assisti-lo, pois durante o mesmo seria executado, como acompanhamento musical, o famoso *Réquiem* de Mozart, sua obra derradeira. Programei-me para chegar pelo menos meia hora antes do horário estipulado, para conseguir um bom lugar, mas, qual engano! Ao chegar ao templo, mesmo com tal antecedência, já o encontrei totalmente lotado. Espremido pelo público, próximo à porta principal, consegui assim mesmo assistir à entrada do cardeal e dos religiosos que o acompanhariam na solene cerimônia. Tentei, ainda assim, obter um lugar melhor, mas era praticamente impossível ultrapassar a multidão. Foi então que vislumbrei, num misto de surpresa e satisfação, um belo confessionário, vazio àquela hora. Talhado em carvalho, em puro estilo barroco, o confessionário era um convite à contrição de que me sentia imbuído. Entrei silenciosamente, instalei-me humildemente, fechei cuidadosamente as cortinas e ao som maravilhoso de Mozart pude ali, durante quase duas horas, refletir sobre a vida e a morte, o bem e o mal, o passado – que ali me circundava por completo – e o futuro. Devo dizer que o banco de assento desse confessionário era bem desconfortável, mas mesmo assim bem melhor do que permanecer de pé, espremido entre os outros fiéis. Pude ouvir até o fim, do meu piedoso esconderijo, os acordes maravilhosos desse réquiem tão solene e por sorte ninguém resolveu, naquela hora, confessar-se. Teria sido difícil, para mim, entender os pecados de alguma devota austríaca, falando seu difícil dialeto vienense. Quando muito poderia absolvê-la, quem sabe em latim! "*Dominus vobiscum*", eu teria dito. "*Et cum spiritu tuum*", talvez respondesse a fiel...

9. O gentil vagabundo

Paris, França, primavera de 1966

Viver em Paris como estudante nos anos sessenta do século XX era uma festa. A França já se refizera dos percalços de suas guerras coloniais. As perdas da Indochina e da Argélia estavam absorvidas e quase cicatrizadas. A economia européia prenunciava uma nova fase de expansão. As feiras técnicas e de artigos de consumo, realizadas anualmente nos pavilhões da Porte de Versailles, antecipavam uma era de bonança. Estimulados e, em grande parte, concebidos pelo governo de Charles de Gaulle, os programas de intercâmbio internacional da Cooperação Técnica Francesa atraíam milhares de jovens profissionais, para aprofundar ali seus conhecimentos. O governo do grande general nutria a esperança de os transformar, ao retornarem a seus países, em arautos das tecnologias francesas. Além do aperfeiçoamento profissional, cada estagiário deveria transformar-se, desejavam também os anfitriões, num promotor da cultura francesa em sua pátria. Brasileiros, iranianos, mexicanos, poloneses se mesclavam em programas culturais de fino gosto – a Ópera, a Comédia Francesa, museus, palácios, restaurantes, cabarés – oferecidos a preços apenas simbólicos. Por uma noitada na ópera de Paris pagava-se o equivalente a um dólar, por casal... Pois mesmo assim, havia sempre os que se queixavam da falta da goiabada na cidade e de um restaurante que servisse a feijoada do sábado!

No "Dia da Bastilha" – a data nacional francesa comemorada no 14 de julho – um palanque especial acolhia os estagiários estrangeiros para assistirem ao grande desfile militar e, a seguir, era servido um Vinho-de-Honra com o prefeito da cidade. Os trens do metrô (le Métropolitain) circulavam ruidosos, porém sempre pontuais, ainda com os carros antigos construídos no início do século, em estilo *belle époque*. No centro da composição, pintado de vermelho, o carro da Primeira Classe, era o único com bancos estofados. Os demais carros, verde-escuro, levavam o povo em bancos simples, de madeira.

Uma análise mais profunda, entretanto, do desenrolar da vida na Europa de então, que se esforçava por esquecer desavenças centenárias, permitia identificar alguns prenúncios de dificuldades futuras que começavam a acumular-se no horizonte. A discordância latente dos estudantes locais, com as mudanças introduzidas no sistema de ensino superior, iria resultar, em breve, nas agitações estudantis de 1968 que quase derrubaram o governo francês e que, dali, propagaram-se pelo mundo. Os primeiros sinais de que o meio ambiente não estava sendo bem administrado também se faziam sentir. A poluição do Rio Sena, que atravessa toda a capital, já chamava a atenção dos leigos. Um grande acidente ocorrido no complexo petroquímico de Feyzin, no sul, mostrara que as indústrias requeriam controles mais rigorosos. O aumento descontrolado do número de veículos particulares nas grandes cidades tornava o trânsito caótico, enquanto que o sistema de auto-estradas, ainda incipiente, transformava num suplício as viagens de férias, tradicionalmente realizadas no mês de agosto.

No setor aeronáutico, todavia, alguns progressos estavam sendo feitos. Um novo aeroporto, já em construção bem distante do centro de Paris, afastaria da cidade a nova fonte de poluição urbana – o ruído dos jatos –, assegurando a entrada em serviço, em breve, do supersônico Concorde, orgulho da indústria local. Ligações ferroviárias diretas com os aeroportos existentes e o novo aeroporto que seria batizado de Roissy-Charles de Gaulle também facilitariam, em futuro próximo, o deslocamento dos viajantes, reduzindo o impacto causado pelos automóveis.

Pois foi nesse ambiente, ao mesmo tempo estimulante e irrequieto, que tive uma fugaz experiência como ator. Era uma tarde nublada e ainda fria de início de primavera, mas pelo menos não chovia. Um amigo e eu, ao percorrermos despreocupadamente um dos grandes bulevares de Paris, avistamos um acidente de trânsito que acabara de ocorrer. Numa esquina de grande movimento, dois carros de luxo se chocaram. Transeuntes, reunidos em um grande círculo, assistiam a uma calorosa discussão entre duas mulheres belas, esbeltas, bem vestidas. Seriam as motoristas? Se não, onde estariam seus choferes? A cena era incomum e nos aproximamos, atraídos pelo bate-boca entre pessoas tão elegantes. Logo verificamos, de perto, que tudo era encenação. Rodava-se, ao vivo, no local, cena de um filme. Nesse momento percebemos que também éramos atores sem querer.

Não havia mais como escapar. As câmeras focalizavam os circunstantes e mal tivemos tempo de encobrir, discretamente, os dizeres "Coopération Technique" gravados em ouro nas pastas que portávamos e que todos nós, estagiários estrangeiros, ganhávamos do governo ao chegarmos à França. Afinal, nossa passagem por ali não se justificava, porque, tecnicamente falando, estávamos "matando aula" naquela tarde. Mas a sensação fugaz de sermos artistas de cinema em Paris valia o risco. Além do mais, até o filme ficar pronto para ser levado às telas, vários meses deveriam transcorrer e nossos estágios já teriam terminado.

Descobrimos, depois, ao nos informar melhor, que havíamos sido extras de um filme de aventuras. Tinham sido nossos "colegas" de filmagem a Nadja Tiller, no papel de uma baronesa, a Mylène Demongeot e o artista principal, Jean-Paul Belmondo, no papel de Tony Marechal – o "Tendre Voyou" ou Gentil Vagabundo – título que o filme recebeu em português. Já no Brasil, depois de uma longa e estimulante temporada cultural e gastronômica naquela terra que tão bem nos acolheu, vejo um dia o "nosso" filme em cartaz. Ansioso, busco-me na cena. Lá estou eu, de pasta preta com dizeres prudentemente encobertos, cara de estagiário sério, compenetrado. Cachê não houve. Apenas o ego foi massageado: "contracenei", naquele dia, com a Mylène Demongeot.

10. O intérprete policial

Alemanha Oriental, noite de inverno, janeiro de 1989

Viajávamos de trem pela antiga Alemanha Oriental, de Berlim para a cidade de Colônia na Alemanha Ocidental. Um povo, dois países, dois sistemas de governo separados por um muro. Numa cabine escura de um vagão antigo, um velho amigo, eu e um dos meus filhos conversávamos animadamente, recordando nossas aventuras naquele dia que passamos em Berlim. A cidade, então dividida pelo Muro, ainda mostrava cicatrizes de uma "guerra quente", terminada havia mais de quatro décadas, mas que prosseguia como a Guerra Fria sem perspectivas de solução. A atmosfera era carregada, com odor de enxofre proveniente da queima do linhito – um carvão de baixa qualidade – em centrais térmicas de projeto antigo. Nas ruas circulavam poucos automóveis e a catedral luterana de Berlim permanecia fechada para intermináveis obras (eu já tentara visitá-la, por diversas vezes, sem sucesso, desde minha primeira visita à cidade em 1961, antes da construção do muro).

Do corredor do vagão em que viajávamos ouviram-se passos. Com o ranger da porta da cabine, que se abriu abruptamente, vimos entrar dois policiais. Dois militares "orientais", da Segurança do Estado, pedem-nos, secamente, os passaportes. Uniformes verde-musgo, bonés de lã que faziam lembrar os dos soldados russos, botas de couro. Com uma convencional vista d'olhos em cada documento, comparando a foto com a face de seu dono, asseguram-nos que podíamos prosseguir viagem. Retiraram-se ruidosamente como entraram, mas deixaram aberta a porta, que por nossa conta voltamos a fechar para garantir algum silêncio que nos permitisse dormir. A viagem, de apenas poucas horas, não requeria cabine leito, de resto muito cara.

Passada uma meia hora e, já dormindo recostados nas poltronas, fomos novamente acordados pelo mesmo par de militares. Um deles apontando para mim com o dedo em riste, diz-me em alemão: "Venha comigo!". Estranhei o ríspido convite, porém, em situações como essa, vale sempre a velha máxima: "manda quem pode e obedece quem tem juízo".... Fiz menção de vestir meu agasalho, mas dizem-me que não precisarei dele. Meu amigo e meu filho tentam me acompanhar e são dissuadidos. "Só você, venha conosco!". Que terei feito? Fotografei o muro? Estou relacionado em algum fichário secreto, sem saber? Vão me tirar do trem e sem o agasalho? Atravessamos, em passos largos, o carro de bagagens, sem aquecimento. Faz muito frio. Os campos estão nevados. Chegamos, os militares e eu, no outro extremo do trem, a uma cabine, também escura, onde se viam quatro pessoas: uma velhinha, aparentemente alemã, tricotava na penumbra; uma jovem de seus vinte e poucos anos lia um livro de bolso, em inglês; junto à janela, uma negra gorda, que de imediato me recordou a Tia Nastácia do Monteiro Lobato, embalava uma criança ao colo.

O policial mais graduado (o outro apenas o acompanhava) me ordenou então: "Você, que fala espanhol (!?), pergunte àquela mulher em sua língua, de onde ela vem, para onde vai e onde estão seus documentos!" Ah, então eu estava sendo promovido a intérprete policial.... Comecei a ensaiar meu "portunhol" quando percebi que a pobre mulher falava era português! Um português estranho, rouco e triste, que eu ainda não ouvira. Faço-lhe as três perguntas encomendadas, na ordem certa. E ela me responde ser de Angola, chamar-se Esm'ralda, estar indo para Coelne (pronuncia, desta forma, o nome de Colônia – em alemão, Köln) e só tem, como documento, um passe da Cruz Vermelha. Traduzo para aqueles a quem presto "meus serviços" o que ela diz e recebo outra ordem: "Pergunte-lhe onde está seu passaporte e o que vai fazer em Colônia". Como estava cansado de tantas caminhadas naquele longo dia, fiz menção de sentar-me numa das poltronas vagas para prosseguir com o interrogatório, mas fui dissuadido pelos gritos de alerta da velhinha, da moça e da angolana: "Cuidado com o bebê!" Percebi, só então, que uma segunda criança, recém-nascida, estava acomodada no assento vago. Notei-a, somente então, pelo branco de seus olhos no ambiente escuro. Ao sentar-me ia esmagá-la, certamente! A mãe angolana me explica que não tem passaporte e que vai a "Coelne" visitar seu irmão, que abortou. Percebo, num átimo, nesse meu primeiro contato com o português falado pelos nativos angolanos, que variações de gênero e número são, muitas vezes, desconhecidas em sua fala. Quem abortara fora, certamente, uma irmã. Traduzo para "nossos" guardas, no exercício de minha nobre função, o que disse a viajante, tomando o cuidado de corrigir o gênero de irmão para irmã, para não aumentar a confusão.

Os guardas, depois de examinarem longamente o amarrotado cartão da Cruz Vermelha, já quase ilegível, consultaram um grosso manual que carregavam consigo e devem ter chegado a um impasse: que fazer com esses três viajantes, sem documentos? Tirá-los do trem? Fazer vista grossa? As crianças choravam, a velhinha, por cima dos seus óculos, observava, a moça lia e eu, seguro de ter meu dever de intérprete bem cumprido, peço então aos guardas, com o olhar, para ser dispensado da função. Notando minha ansiedade, eles me liberam, quem sabe para se livrarem de uma testemunha incômoda dessa situação não prevista em seus manuais, mas que teriam que resolver. Voltando a meu vagão encontrei amigo e filho acordados, já me imaginando preso ou defenestrado... Contei-lhes a inusitada experiência. Admiraram minha tranqüilidade e sangue frio e tentamos voltar a dormir.

Percebemos, então, que o trem reduzia velocidade e parava. Chegáramos à fronteira, à "Cortina de Ferro" e à última parada na Alemanha Oriental. Olhando discretamente pela janela, vimos, na plataforma, nossos dois guardas. Eles desembarcaram e iam ficar ali, com seus bonés de lã. Dos passageiros angolanos nem sinal. O "jeitinho" local deve ter funcionado: não estava previsto, no manual oficial, deixá-los numa plataforma gelada, àquela hora. Poderiam visitar, afinal, a "irmão" e a "tio" que abortara.

Pouco mais de um ano depois, em abril de 1990, visitei novamente Berlim. O mundo mudara. O muro se fora. A Alemanha voltara a ser una. Ar mais puro sem a queima do linhito, veículos com escapamentos controlados, o meio ambiente estava melhorando. Consegui, finalmente, entrar na Catedral, para ver sua restauração adiantada. Próximo à Porta de Brandemburgo, símbolo da cidade novamente unida, fui abordado por um vendedor de suvenires. Ofereceu-me um boné militar, verde musgo, de lã, como lembrança. "É bem barato, leva senhor" – falava em seu alemão com sotaque turco. Lembrei-me, então, do guarda para quem, por alguns minutos, servi de intérprete, trabalhando involuntariamente para as forças de segurança do estado que já não existe. Seria dele esse boné? E a "Nastácia" angolana, com seus filhinhos? Por onde andarão agora os interessantes personagens daquela noite de inverno, escura e fria?

11. Uma ópera em Praga

Praga, Tchecoslováquia, primavera de 1989

Depois de passar um mês dando um curso em Luanda, capital de Angola, a serviço das Nações Unidas, regressei à Europa, a salvo da guerra civil e da epidemia de cólera que assolavam aquele belo país africano, irmão na língua portuguesa e em tantas tradições comuns às nossas. Em Viena prestei contas de minha missão na sede da UNIDO, agência das Nações Unidas que me contratara, e decidi conceder-me umas merecidas férias. Olhei no mapa da Europa pendurado na sala de meu chefe e escolhi Praga como destino. Sua história e sua cultura já me fascinavam e a oportunidade de conhecê-la ali estava, ao meu alcance. Parti de trem, ansioso para visitar aquela que, muitos me diziam, é uma das mais inspiradoras cidades da Europa. Na fronteira, que naqueles anos separava os dois mundos – o Leste, socialista, do Oeste capitalista –, percebi, pelo olhar da funcionária que controlava os passaportes, que meu visto de entrada, emitido pela embaixada tchecoeslovaca em Angola, tinha algo de especial. Olhou-me com profundo respeito e, sem a rispidez que caracteriza os funcionários de fronteiras tensas e muito vigiadas, desejou-me cortesmente uma boa viagem. Ao longo da via, as florestas mostravam marcas das chamadas chuvas ácidas, efeito da poluição do ar em regiões que não faziam, então, qualquer empenho para controlar as emissões de gases de suas chaminés. Algumas cidades menores que atravessávamos exibiam prédios descuidados, ruas mal calçadas. O povo vestia-se modestamente, mas notava-se um quê de esperança e um grande esforço para bem acolher o forasteiro. Havia simpatia em seus olhares.

Cheguei finalmente a Praga e fui recebido, na plataforma da estação, por um dos diplomatas que serviam em nossa embaixada e que me levou diretamente ao hotel que me reservara, fronteiro à Gare. Já no Hotel Esplanade, ao ver meu passaporte nosso diplomata se espantou com o meu visto, que não era o de turista! "Você recebeu um visto reservado apenas para altos funcionários dos 'partidos irmãos'!" Entendi, de imediato, a grande vantagem que levaria então sobre os outros viajantes, meros turistas: não precisaria pagar minhas contas em moeda forte (dólares ou marcos), como era exigido dos visitantes estrangeiros. O privilégio de pagar as contas na desvalorizada moeda local era somente concedido, nesses regimes de igualdade social, àqueles mais iguais, isto é, aos amigos do Estado. Descobri também, logo a seguir, que a troca discreta da moeda ocidental que trazia, com algum cambista na praça principal da Cidade Velha, era a forma mais simples de dividir por quatro todas as minhas despesas no país – essa era a relação entre o câmbio oficial e o chamado "paralelo". Depois de descoberta tão estimulante, passei a viver, naturalmente, uma semana de prazeres gastronômicos e culturais, entremeados pela compra de belas peças do melhor cristal do mundo – o da Boêmia. O dinheiro que trocara em moeda local não acabava!

Praga quase não foi afetada pela Segunda Guerra Mundial e, materialmente, dela saiu incólume. Durante os anos de hostilidades não fora bombardeada. As partes históricas da cidade estão preservadas de forma magnífica. O Castelo, a Catedral de São Vito, a Viela do Ouro com a casa de Franz Kafka, a Ponte Carlos, a mais bela do mundo, segundo alguns, são pontos de visita obrigatória. O Moldava, rio que cruza a cidade, flui tranqüilo, com águas limpas, sob as pontes que unem as diversas partes da Cidade Velha. O céu, límpido, já anunciava a chegada do verão, que seria o último verão socialista e um dos últimos do país unido. Em poucos anos mais a Tchecoslováquia se dividiria em dois países: República Tcheca e Eslováquia.

Entre prédios em estilo Art Nouveau e outros em estilo neoclássico, identifiquei, numa bela noite, após jantar no hotel, um grande teatro, todo iluminado. Cruzando a praça, aproximei-me daquele edifício de onde provinham sons de bela música. As portas abertas me convidavam a entrar, mas na portaria fui logo informado de que "a ópera já começou". Pedi licença para, pelo menos, percorrer os grandes salões do teatro que é hoje a Ópera Estatal. Praga fora, até poucas décadas antes, uma das jóias do império austro-húngaro e naquele tempo esse prédio era o Teatro Alemão. Num dos corredores cruzei com uma velhinha que, uniformizada em azul, desempenhava o papel de "lanterninha" – na penumbra conduzia os freqüentadores a seus assentos. Ao olhar-me com simpatia, sorrindo, deu-me a chance de lhe perguntar se ainda havia lugares vagos. Por gestos ela disse que sim e logo a seguir descobri que, sendo da geração anterior à Segunda Guerra, ela falava também alemão, além do tcheco. Subimos juntos dois lances de escadas e ela me indicou, pedindo-me silêncio, um balcão lateral, certamente dos mais baratos. Apalpei os bolsos em busca de uma gorjeta. Encontrei apenas uma nota de cem coroas, que daria para comprar uns cinco ou seis ingressos ao preço oficial. Mas, pensando bem, em meu câmbio especial aquilo era uma ninharia. Dei-lhe discretamente a nota, bem dobrada, sentei-me no local que ela indicou e passei a assistir à *Norma*, uma das melhores obras de Vincenzo Bellini. O 1° Ato já se aproximava do final quando, subitamente, sinto que me tocam o ombro. Era "minha" velhinha que, também discretamente, entrega-me uma nota de cinqüenta coroas, dizendo-me baixinho: "Aqui está seu troco..." Ela reconhecera que minha gorjeta fora exagerada!

Fez-se o intervalo. Minha protetora vem agora me buscar para, imaginem só, oferecer-me um lugar melhor. Leva-me então para um camarote. Um dos melhores, com poltronas douradas recobertas de veludo vermelho. Senta-me ao lado de uma senhora com casaco de peles, jóias aparentemente de grande valor, postura senhorial. Uma ex-baronesa que sobreviveu ao nivelamento social? Talvez. No último ato, a cena da morte de Norma comoveu a todos e ao terminar o espetáculo os aplausos foram pródigos, pois a encenação e os intérpretes haviam sido magníficos. Constatei então que, do meu lado, com lágrimas nos olhos, minha velhinha também aplaudia, com emoção. E nos outros camarotes, outras velhinhas, com o mesmo uniforme azul, também participavam da ovação. Perguntei-me, então: "De que tempos passados elas surgiram? Da Belle Époque?" Da antiga monarquia, quase certamente, foi minha conclusão.

Minha permanência em Praga ainda se prolongou por alguns dias e, para minha surpresa e satisfação, o dinheiro que trocara em moeda local insistia em permanecer em meus bolsos, permitindo-me até alguns exageros. Já temendo ter que retornar à praça principal da Cidade Velha para "destrocar" o que me sobraria em moeda local, decidi convidar dois de nossos diplomatas e suas esposas para um jantar de despedida, mas que fosse no melhor local de sua escolha. Foi um jantar e tanto, com bons vinhos e os melhores pratos, num restaurante fora da cidade, instalado na *cave* de um castelo medieval. O preço? Talvez um pouco mais do que pagaria em uma pizzaria de São Paulo. Além de boas óperas e excelentes museus, a Praga de então oferecia, também, boa acolhida gastronômica aos viajantes que tinham o privilégio de conhecê-la.

12. No país do arco-íris

Irlanda, outubro de 1999

Depois de participar, na Inglaterra, das comemorações do centenário da National Society for Clean Air and Environmental Protection, talvez a primeira organização nacional criada em todo o mundo em prol da pureza do ar e da proteção ambiental, decidi reservar alguns dias para conhecer um país com características muito peculiares, habitado por um povo alegre e rico em tradições que remontam a alguns milênios. A República da Irlanda, independente de Londres e com uma população em sua grande maioria católica, não deve ser confundida com sua vizinha, a Irlanda do Norte, de maioria protestante, parte integrante do Reino Unido e fiel à realeza. Porém, a Irlanda, em seu todo, é uma ilha rica em lendas e disputas, que sempre oferece a seus visitantes o espetáculo dos arco-íris emoldurando suas paisagens verdejantes.

Creio que não haja dia em que um arco-íris não enfeite os céus desse país permanentemente verde e quase sempre chuvoso. Seu clima peculiar, não muito frio, porém sempre em mudança devido aos ventos que sopram continuamente do Oceano Atlântico Norte, convida à reflexão e à vida interior. Será por isso que a Irlanda produziu tantos homens de letras, a ponto de superar, em produção literária, seus outros vizinhos de língua inglesa – a própria Inglaterra de Shakespeare e a Escócia de Sir Walter Scott? Um passeio a pé por Dublin nos conduz a um curioso museu localizado no final de sua via principal, a O'Connell Street, e que nos leva a meditar sobre essa questão. É o Museu dos Escritores, único desse gênero que seja de meu conhecimento, que reúne lembranças e obras dos maiores literatos locais que utilizavam a língua inglesa em seus escritos – Shaw, Yeats, Beckett, Swift, Wilde, Joyce, Behan. Todos nomes universalmente conhecidos como escritores... ingleses. Mas, além do inglês, a Irlanda republicana possui outra língua oficial, o irlandês gaélico, um idioma de origem celta, que se diz ser ainda falado nas regiões mais tradicionais do país. Tentei ouvi-lo, mas foi em vão – consta que apenas 2% da população tem esse idioma como língua materna. Por toda parte é o inglês que predomina.

Com a chegada dos romanos, no século I de nossa era, os celtas preferiram retirar-se para regiões mais afastadas a ter que enfrentar o invasor. Por isso a Irlanda concentra ainda hoje o principal núcleo de população remanescente desse povo que, antes da ascensão de Roma, ocupava grande parte da Europa. No domínio da cultura, o Museu Nacional, em Dublin, reúne um acervo de peças preciosas, trabalhadas em ouro pelos celtas. E também merece uma visita a majestosa e rica biblioteca do Trinity College. Ali se pode apreciar o Livro de Kells, uma transcrição dos quatro evangelhos, em latim, ricamente adornada, que data do século IX e se encontra em perfeito estado de conservação.

Porém, além da literatura e das artes, Dublin também possui algumas atrações mais mundanas e bastante estimulantes. A cervejaria Guinness, fundada em 1759 e tida localmente como a maior do mundo, é especializada na cerveja escura e forte e oferece a seus visitantes um *chopp* de honra, servido em seu *pub*, num ambiente que deleita até os amantes das cervejas claras. Já para os adeptos dos destilados, bebidas mais fortes e tão apreciadas nos climas frios, também não faltará um bom programa. Uma visita à destilaria do The Old Jameson Whisky pode ser facilmente arranjada e, a seguir, completada por uma excursão oficial a cerca de uma dúzia de bares ou *pubs* históricos da cidade. O retorno ao hotel, o programa esclarece, é problema de cada um...

Partindo de Dublin, rumo ao oeste, chega-se à costa do Atlântico na região de Burre, uma terra árida e pedregosa, tida como inaproveitável e que, no dizer de um conquistador saxão que a ocupou há muitos séculos, "não possui nem árvores para enforcar nem água suficiente para afogar os insubmissos nativos", recalcitrantes em não se submeterem às ordens do novo ocupante dessas terras. Toda essa área improdutiva termina no oceano, em abruptas falésias quase verticais, com mais de 200 metros de altura, das quais as mais famosas são as de Moher. De sua borda se pode avistar, ao longe, as ilhas Aran, renomadas por suas construções da Idade do Bronze e pelos agasalhos de lã tecidos pela população local.

Mas não terminam aí as atrações históricas dessa terra verdejante. Castelos medievais e abadias em ruínas enriquecem a paisagem de toda a região em torno de Galway, a principal cidade do oeste irlandês. As propriedades rurais são divididas por cercas feitas com as pedras removidas do solo, para torná-lo arável ou mais adequado ao pastoreio das ovelhas. Nos vilarejos pode-se notar o tradicionalismo da população, tanto no modo de vestir como em suas diversões. Freqüentar, numa manhã de domingo, um *pub* de uma dessas vilas é uma festa para os olhos e os ouvidos. Em trajes típicos, os jovens dançam e cantam enquanto os mais velhos observam. Pequenas bandas compostas de tocadores de bandolins, guitarras, gaitas e violinos animam o ambiente com a frenética música irlandesa. Entramos em um desses *pubs*, à beira-mar, para almoçar. Uma sopa quente e batatas cozidas me satisfizeram. A música ininterrupta ajudava a aquecer o ambiente (ou foi a sopa?), compensando o vento frio que soprava do mar agitado, em rajadas que penetravam pelas frestas das janelas. O ambiente era tão festivo e acolhedor que quase nos esquecemos de que já era hora de retornar ao ônibus que nos levaria a Galway, onde as bruxas nos aguardavam. Por que bruxas? Porque elas também fazem parte das antigas tradições irlandesas, juntamente com os druidas e outros seres fantasmagóricos. Naquela noite estavam todos eles soltos pelas ruas da cidade, em bandos, coloridos, pois era a noite de Halloween. Por uma feliz coincidência, estávamos justamente na região mais tradicional da Irlanda, onde os costumes herdados dos antepassados celtas ainda são por todos cultuados. Será que festejavam por troça ou era mesmo por devoção a suas tradições milenares? Não tive condições de investigar mais de perto esse aspecto das fantasmagóricas comemorações a que assisti, pois de manhã bem cedo deveria tomar um ônibus que me levaria à Irlanda do Norte.

O percurso de Galway até Belfast, capital da Irlanda do Norte, foi cumprido no horário, com algumas trocas de ônibus locais de que me utilizei para melhor conhecer a região. Eram ônibus paradores, que atravessavam interessantes lugarejos com estranhos nomes celtas, tais como Sligo, Roscommon, Leitrim, Fermanagh. Em cada trecho percorrido, um dedo de prosa com um dos companheiros de viagem me ajudava a passar o tempo. Assim levamos todo o dia, até chegarmos, ao entardecer, a Belfast.

Aparentemente tranqüila, a cidade que vem sendo palco, por várias décadas, de uma luta insana entre protestantes e católicos abriga, em um de seus parques, um tocante monumento dedicado a seus cidadãos mortos no naufrágio do Titanic. Explica-se a homenagem pelo fato de ter ele sido construído nessa cidade, no famoso estaleiro Harland & Wolf, hoje à beira da falência, se ainda não fechou. Muitos dos tripulantes do grande barco foram contratados localmente, vindo a encontrar seu destino no fundo do Atlântico Norte, numa fria noite, em sua viagem inaugural.

Curioso para entender os motivos que levam às lutas religiosas locais, contratei uma excursão promovida por uma organização estudantil, que me possibilitou visitar, sem riscos maiores, os bairros da cidade em conflito. Muitos murais com temas religiosos, pichações com palavras de ordem das duas facções em choque e alguns prédios visivelmente danificados pelo fogo ou por explosivos compõem um cenário triste e carregado de mágoas e rancores de parte a parte. Veículos da polícia, blindados, percorrem as ruas desses bairros e um grande cemitério abriga as vítimas dessa infindável luta fratricida em que os dois lados invocam a Cristo. Será que aos cidadãos de Belfast não estará faltando praticar o Evangelho, oferecendo a "outra face"?

De Belfast estendi minha viagem até o extremo norte dessa outra Irlanda para visitar uma curiosidade geográfica que me fascina desde menino, quando a conheci através de fotografias em um velho prospecto turístico: a "Calçada do Gigante". Trata-se de uma extraordinária formação de lava basáltica que, ao esfriar-se, cristalizou-se em enormes blocos hexagonais, formando uma espécie de pavimentação natural, à beira mar, cujo aspecto geométrico e regular parece ter sido produzido pelo homem. Consta que essa ocorrência geológica é única no mundo, segundo o relato de uma irlandesa que, tal como eu, também saltava, como uma criança, de bloco em bloco, ao longo da costa. Uma lenda celta, tentando explicar essa curiosa manifestação da natureza, conta que o gigante Finn McCool a construiu para poder atacar, atravessando o mar, seu rival Finn Gall, que vivia na vizinha Escócia. Se alcançou seu intento, não consegui saber...

*Mediterrâneo
e Oriente Médio*

13. Falando geometria

Percorrendo a Grécia e o mar Egeu, julho de 1966

Visitar à Grécia e ver o Parthenon de Atenas era um sonho de muitos anos que estava prestes a se tornar realidade. Embarquei num navio em Brindisi, no calcanhar da bota italiana, justamente onde terminava a famosa Via Appia, que de Roma demandava o sul do império. Navegando dois dias e uma noite, bordejei a costa da Albânia, que se avistava da amurada, fiz uma escala em Igoumenitsa, pequeno porto que foi meu primeiro contato com a terra dos helenos, e na segunda noite aportei em Patras, na península do Peloponeso, a poucas horas de ônibus de Atenas.

Demandando Atenas por uma estrada de mão dupla, escura e mal sinalizada, transitavam muitos caminhões. Transportavam, em sua maioria, uma carga estranha, roliça e esverdeada, que à luz dos faróis identifico finalmente: são melancias! Aos milhares, transportadas a granel em carrocerias abertas, aprendo logo seu nome em grego, que não esquecerei jamais: *Karpuz*. Durante duas semanas iria me alimentar de melancias, uvas e pêssegos suculentos. Estávamos na Grécia, berço da cultura ocidental.

O alfabeto grego, único utilizado no país, recorda-me a geometria e a álgebra do colégio e da faculdade, a começar do alfa e do beta, que lhe deram o nome. A diferença é que aqui essas letras não são símbolos frios, matemáticos, já meus velhos conhecidos, mas formam palavras, que tento decifrar. Adaptando-me logo à leitura desses "fragmentos de geometria", percebo que consigo entender muitas dessas palavras. Delicio-me então com as associações de idéias: as portas de saída têm placas que dizem *Êxodos* e a parada do ônibus é uma *Êxtasis*! Como é gostoso esse jogo de palavras na terra onde se forjaram nossas idéias! *Iso* – igual (lembro-me dos triângulos isósceles), *poli* – muito (recorda-me a velha Polytéchnica), *topos* – local (olha a topografia!), *tetra* – quatro (os tetraedros...), assim começo a ensaiar algumas palavras, apoiando-me na geometria, também criada por um grego, Euclides. Surpreendo-me, pois sou compreendido! Descubro que em matéria de substantivos e adjetivos meu vocabulário é relativamente rico, baseado nas raízes gregas que chegaram ao nosso português. Porém, não consigo formar frases – só falo, praticamente, por meio de radicais, prefixos e sufixos, sem saber empregar verbos.

Hospedo-me em uma pensão simples, já reservada por um amigo que chegara antes. Deixo as malas e sou logo convidado a... subir no telhado! Uma escada mambembe, de madeira tosca, leva-me até o teto sem telhas da pensão. É uma noite escura. Sobre uma espécie de terraço improvisado, descubro então a razão da escalada: na ponta dos pés, debruçado sobre o telhado do vizinho, vejo ao longe, fulgurante, o Parthenon. Iluminado por holofotes, num jogo de luz e sombras, o grande templo parece flutuar sobre a escura Acrópole. Cena para não ser jamais esquecida. Desço do telhado ainda cheio de emoção e, cansado da viagem, logo adormeço, sonhando com cariátides e imaginando-me nas entranhas do cavalo de Tróia. As melancias são de digestão difícil...

Depois de alguns dias visitando museus e ruínas imponentes, faço amizade com o dono da pensão, um monoglota com quem falo algumas palavras da língua local, através de associações de idéias e com fluência geométrica, Se tenho sede, peço *hydros*; se quero ler, peço um *biblios*; pão não sei pedir, mas consigo comer mais melancia – *karpuz*. Lembro-me então daquela velha anedota do viajante que, ao chegar ao Brasil, nos restaurantes só sabia pedir feijoada – eu pelo menos sou mais modesto. E toca a comer melancia! O café da manhã, felizmente, é servido sob uma parreira carregada: as uvas podem ser simplesmente colhidas com o estender das mãos. Carne de ovelha, leite – *lactos* – e mel completam essa olímpica refeição.

Uma excursão pela península do Peloponeso nos leva ao local de históricas batalhas e muitos templos. Cruzamos o canal de Corinto, obra iniciada por Nero no século I de nossa era e somente inaugurada em 1893, explica-me o guia. Visitamos o anfiteatro do Epidauro com seu teatro monumental e avistamos ao longe a baía de Salamina – chego a ver, em imaginação, a frota persa em retirada.... Nas ruínas de Corinto sento-me sobre a base de uma das colunas da antiga sinagoga, no mesmo local onde muito provavelmente e há quase vinte séculos, São Paulo escreveu sua famosa Carta aos Coríntios.

Como se diz que na Grécia valem mais as ilhas que o continente, partimos do porto do Pireu num antigo e simpático vapor rumo à ilha de Égina. A seguir fizemos escala na ilha Poros e, finalmente, aportamos em Hidra já ao entardecer, quando descobrimos que não haveria vapor de regresso ao continente até a manhã seguinte. Que remédio, então, senão encontrar uma pousada? Já anoitecia e os poucos hotéis da ilha estavam lotados – era verão. Subimos as encostas – nuas e áridas em toda a ilha – e encontramos, sob um luar diáfano, uma casa de família que nos dá abrigo. Melhor que hotel – estilo campestre, com cabras no quintal. De jantar come-se iogurte com uma fatia de melancia. Tropas de mulas sobem a ladeira empedrada, regressando do mercado à beira-mar. Os tropeiros nos saúdam: Kimíssu *Kala* (ou algo parecido), são palavras não conhecidas na geometria. Deve ser boa noite, eu presumo.

A água doce é escassa nessa e em todas as ilhas da região. É trazida em grandes balsas de borracha desde o continente, prenunciando um grave problema ambiental que se avoluma com o passar dos anos – a carência de água doce em muitas partes do mundo. Nas costas do Mediterrâneo e em muitas de suas ilhas, atribui-se essa aridez à construção naval praticada pelos antigos, que devastavam as florestas em busca das melhores árvores para construir suas belonaves. As árvores mais fracas transformavam-se em lenha.

À noite, bebericamos no cais de Hidra, numa enseada em forma de crescente, onde pequenos bares e muitos iates, ao largo, fazem a vida noturna do lugar. Não poderíamos imaginar que naquele mesmo local, quem sabe até na mesma mesa da mesma taverna, um escritor patrício estivera três meses antes rascunhando uma de suas obras menos conhecidas – *Israel em Abril*: era o nosso Érico Veríssimo. "Numa ilha grega" é o título que deu ao último capítulo dessa sua obra escrita naquelas paragens helênicas, sobre o país que acabara de visitar.

Mas o barco de regresso ao continente deverá partir de manhã muito cedo e é hora de dormir. No meu fluente grego-geométrico aviso à família que nos acolheu que tenho *poli* – muito – *hypnos* – sono, no que sou imediatamente compreendido e liberado para um merecido descanso.

14. A múmia de Ramsés II

Egito, verão tórrido, agosto de 1966

Um país desértico, atravessado apenas por uma linha verde que, ao aproximar-se do mar, se abre em uma pluma – o delta do Rio Nilo, o maior da África. São apenas 3% de área cultivável em uma região superpovoada. Sua capital, o Cairo, já é a maior cidade do continente africano.

Desembarco em Alexandria, na costa do Mediterrâneo, do MS Istria, navio misto iugoslavo que me traz da Grécia. Cidade litorânea, com algumas partes modernas, Alexandria já hospedou a maior biblioteca da antiguidade clássica, que ardeu no incêndio mais nefasto da história. Quantos conhecimentos ali se transformaram em cinzas, perdendo-se para sempre!

De Alexandria tomo um trem expresso que me leva ao Cairo. Margeamos o Nilo, onde navegam faluas – veleiros de carga, lentos porém pitorescos – e se banha, desinibida, a população ribeirinha. Fronteira à estação central do Cairo, uma imensa estátua do faraó Ramsés assiste, impassível de sua imortalidade, ao tráfego caótico de veículos de toda espécie, carroças, muares e até cortejos fúnebres levados pelo povo, que cruzam a praça que tem seu nome – Midam Ramsis[1]. Encontro um hotel próximo da praça, o Everest, que ocupa os andares superiores de uma edificação com precários elevadores. Em cada andar um corpulento guardião núbio, de tez escura e vestindo um impecável albornoz branco, controla a freqüência dos hóspedes. Esses núbios, povo que habita o sul do país, fazem-me lembrar o gênio da lâmpada do Aladim.

Tenho poucos dias para conhecer esse país de longa tradição histórica e, sem perda de tempo, dirijo-me ao monumental edifício que abriga o Museu Egípcio.

---

[1] Em agosto de 2006 (precisamente 40 anos após este relato), essa mesma estátua de Ramsés foi transportada, sob aplausos da população cairota, para ser reinstalada em Giza, próximo das grandes pirâmides. A razão da transferência é a poluição do ar no centro da cidade, que estaria gradativamente corroendo o monumento.

Prédio em estilo clássico, construído em 1902, contém alguns dos maiores tesouros que a humanidade reuniu em honra de seus reis, em uma das mais ricas coleções de todo o mundo. O tesouro de Tutankamon, encontrado intacto, a salvo de pilhagens, em 1923, sobressai em todo o acervo do museu. Seu sarcófago, com 140 kg de ouro, seu trono e sua máscara mortuária também em ouro maciço, são peças de arte inexcedíveis em beleza e fausto.

Próximo desse tesouro, vitrines comuns abrigam as múmias de alguns dos mais famosos faraós. Detenho-me na múmia de Ramsés II, embalsamada há mais de 32 séculos. Detalhes da face atestam a boa conservação do corpo. Debruço-me sobre o vidro e noto que este flete ao meu peso – é um simples vidro de janela! – sem sinais de alarmes ou qualquer tipo de segurança contra furto. Apoio minha câmera, sem *flash*, para tomar uma foto com exposição aberta de sua face real. Prendo a respiração, porém antes de tirar a foto sou identificado por um funcionário do museu, que caminha célere em minha direção. Preparo minhas desculpas quando percebo, por trás de um largo sorriso moreno azeitonado, o desejo que o guarda expressa de me ajudar a tomar a foto. Dirige-se ao quadro geral de luzes e acende todas as lâmpadas que pode, no grande salão, gesticulando para mim como a dizer: – "Agora sim, sua foto vai sair boa!". Trocamos saudações, agradeço-lhe a gentil colaboração e ouço, em retribuição, um *"salam halaik'a"* – a paz esteja contigo. Tempos felizes aqueles, quando os maiores tesouros do mundo podiam ser quase tocados sem ouvir-se o som de sirenes nem de alarmes eletrônicos!

Viajo para Memphis, a primeira capital, localizada ao sul do Cairo, visito as pirâmides mais antigas em Sakhara, construídas em degraus como as dos maias na América Central e chego a Giza, no local das três grandes pirâmides, geometricamente dispostas segundo a direção dos astros: Queops, a maior, Kefren e Mikerinos. A seu lado a inebriante Efígie, cujo semblante, tal como o da Mona Lisa de Da Vinci, carece até hoje de interpretação conclusiva. Recordo-me que ali Napoleão proferiu sua frase famosa: "Soldados, do alto dessas pirâmides 40 séculos vos contemplam" – (que já são agora 42).

Decido também me aventurar pelo deserto e conhecer o famoso canal de Suez.

Sigo de trem, mas só consigo passagem na III Classe, o que foi ótimo, pois assim pude conviver com as pessoas comuns, sem nenhum turista para interferir nos meus diálogos com os viajantes locais. Seguimos todos, num velho trem com carros de madeira, para Port Said, extremo norte do canal, na costa do Mediterrâneo. Creio serem militares alguns dos viajantes que saltam em Ismailia, de regresso a suas guarnições. Outros descem em El Qantara. Essas localidades que ultrapassamos pareciam postos avançados preparados para uma guerra que não tardaria um ano – a Guerra dos Seis Dias, perdida pelos egípcios em 1967.

No deserto somos obrigados a fechar todas as janelas do vagão, para não sermos sufocados pela areia fina que penetra tudo. Meus companheiros de viagem explicam que é o *khamsyn*, vento que sopra do sul, durante uns cinqüenta dias por ano (daí seu nome em árabe, que significa cinqüenta). O calor é abrasador, pois a III Classe não oferece ar condicionado. No chacoalhar do trem, penso ouvir alguns acordes que me lembram a ópera *Aída*, de Verdi, composta para ser aqui encenada na festa de inauguração da grande via aquática, em 1869. Recordo-me também do Afrika Korps de Rommel que, com seus alemães, tentou chegar até aqui, mas foi barrado pelos britânicos em El Alamein, um pouco mais a oeste, em 1942.

Tantas divagações históricas tornam-me sonolento e, subitamente, vejo uma miragem! Não é um oásis com suas palmeiras, como mostram os bons filmes de aventuras – é um navio, em pleno deserto, a navegar... Esfrego os olhos, mas ele continua lá, singrando as areias. Sua grande chaminé identifica uma companhia de navegação famosa. Não era uma miragem – chegáramos à margem do grande canal, que passamos então a bordejar até nosso destino, seu extremo norte. Port Said é uma cidade construída pela Companhia do Canal como porta de entrada para os navios que percorrem essa aquavia, rumo ao Mar Vermelho. Port Said localiza-se em sua margem ocidental e tem traçado planejado, ruas retilíneas com construções em arcadas para proteger os transeuntes do sol abrasador. Na outra margem do canal avista-se Port Fuad e mais além, ao longo da costa mediterrânea, chega-se à faixa de Gaza, palco de lutas freqüentes entre israelenses e palestinos. É meio-dia, o calor é intenso. Encontro apenas um supermercado aberto, onde se vendem sorvetes. Abasteço-me. Tudo mais na cidade parece morto. Lojas fechadas, casas com jeito de abandono, poucos veículos nas ruas, em sua maioria militares. É hora da sesta. O ar pesado e os movimentos de tropas, no entanto, já prenunciam acontecimentos bélicos num futuro próximo.

Já é tempo de voltar para o Cairo, pois com todo esse calor tenho saudade das fartas limonadas servidas no Hotel Everest. O regresso se faz de táxi, ao longo dos baixios da costa mediterrânea. Uma costa que está sendo afetada pelos desequilíbrios ecológicos provocados pela construção da barragem de Assuã, inaugurada poucos anos após essa minha viagem. Concebida para gerar energia, estimular a irrigação das terras aráveis e regular a vazão do Nilo, Assuã eliminou, em contrapartida, os efeitos salutares das cheias, que traziam consigo o húmus que fertilizava o vale. O represamento das águas alterou também o sistema hidrológico de todo o rio, até o delta, disseminando a esquistossomose, enquanto o crescimento populacional acelerado do país se incumbiu de anular os outros benefícios trazidos pela grande obra.

De quando em vez, em barreiras estabelecidas ao longo da estrada, militares obrigam-nos a mostrar os documentos. Por encontrarem tudo em ordem, liberam-nos e despedem-se com a seca cortesia militar. Depois de horas de viagem, cruzando vários canais do grande delta, passando por aldeias e pequenas embarcações a vela, chegamos às portas do Cairo. O perfil de sua Cidadela, com suas mesquitas e palácios, já me parecia familiar. O trânsito estava melhor, pareceu-me, pois era sexta-feira, o dia do Senhor, ou de Alá, para os muçulmanos. Animação comercial vê-se, entretanto, no bairro copta, próximo da estação ferroviária, que abriga a população cristã local, que ali vive há quase vinte séculos.

Uma semana apenas para conhecer tantos séculos de história é muito pouco, mas devo partir para o Líbano e nesse trajeto prefiro o avião. Porém, os vôos estão lotados, pois uma greve inesperada numa das principais companhias aéreas obriga a remanejamentos de grupos de turistas, que não levam consigo, estou seguro, as experiências únicas que pude recolher com minha forma pessoal de viajar, utilizando-me até de trens em III classe. Uma oferta para viajar de navio, com um grande grupo de fiéis que rumavam a Meca em sua peregrinação anual, foi, entretanto, gentilmente recusada, pois encontrei, finalmente, passagem em um vôo que vinha do Sudão e seguiria do Cairo para Beirute. Não perdi essa chance, pois além do original nome da companhia aérea – Sudan Airways –, tratava-se de um avião Comet IV, inglês, versão corrigida do modelo III que desaparecera recentemente, por falhas no projeto, sem deixar vestígios, sobre o Mar Mediterrâneo, com todos os seus ocupantes. É óbvio que o modelo corrigido funcionou, pelo menos até a viagem que me levou ao Líbano.

15. Fuga no deserto

Mediterrâneo Oriental, agosto de 1966

Os países do Oriente Médio viviam uma fase de relativa tranqüilidade, que terminaria bruscamente em menos de um ano, com a eclosão da guerra de 1967, entre Egito e Israel. Num curto vôo, decolando do Cairo, no Egito, em um Comet IV da Sudan Airways, sobrevoamos o Canal de Suez e a cidade de Port Said, vislumbramos a parte oriental do delta do Nilo e os baixios arenosos da costa mediterrânea do Egito e, em pouco tempo mais, aterrissávamos no aeroporto de Beirute, num Líbano pródigo e acolhedor.

O Líbano era, naqueles anos, uma ilha de concórdia e, poder-se-ia mesmo dizer, de felicidade. Beirute era uma cidade moderna, limpa, com edificações novas em toda a orla que margeia o Mediterrâneo. Cristãos, judeus e muçulmanos conviviam em aparente paz. A língua francesa era falada e entendida em toda parte. O Hotel Fenícia, portentoso, com sua piscina de vidro que se projetava sobre o restaurante do hotel, era um ponto de encontro dos ricos e poderosos do Oriente. A OPEP – Organização dos Países Exportadores de Petróleo – fora criada havia pouco tempo. O petróleo ainda era barato – o primeiro choque só ocorreria em 1973 – e os emirados árabes eram pouco expressivos na política econômica regional. O ódio que hoje macula toda a região, se existia, era bem dissimulado e atos de terrorismo eram praticamente desconhecidos. Em Beirute encontramo-nos com Maura Moreira, a grande soprano brasileira então radicada na Alemanha. Maura, que estava de regresso de um giro por toda a região, foi pródiga em informações sobre os locais históricos que recomendava visitar no Líbano, Síria e Jordânia (Jerusalém, Belém, Jericó e muitos outros sítios ligados à história do cristianismo faziam, então, parte da Jordânia, na chamada Cisjordânia, na margem ocidental do Rio Jordão).

As viagens por toda a região se faziam, normalmente, de táxis-lotação, sempre dispostos a levar os passageiros a qualquer parte. Visitar uns amigos no sul do Líbano, próximo à tranqüila fronteira com Israel, custou-nos, de táxi a partir de

Beirute, uns poucos dólares. Biblos, Tiros, Baalbeck, ruínas fenícias e castelos construídos pelos cruzados foram visitados com amigos locais, que deram mostras de sua hospitalidade milenar. Surpreendeu-nos o fato de, nas aldeias do interior do Líbano, encontrar homens idosos que falassem português ou espanhol. A explicação? Muitos jovens libaneses, durante o período de dominação turca, fugiram da convocação militar para não combaterem na 1ª Guerra Mundial sob as ordens dos otomanos. Vários deles, nessa fuga, emigraram para o Brasil, outros para a Argentina. Com a cessação das hostilidades e o fim do jugo turco, alguns regressaram a suas aldeias, trazendo consigo a nova língua que aprenderam no ultramar.

A estrada Beirute-Damasco foi também vencida de táxi. Em poucas horas estávamos na capital síria, menos aprazível que Beirute, é verdade, porém bastante acolhedora. Visitas a mesquitas e refeições frugais, com frutas da estação, são lembranças dessa escala rumo ao sul, onde nosso objetivo era Jerusalém. Embarcamos, em Damasco, em um táxi novo para cinco passageiros, cujo motorista, bem falante e ágil na estrada, nos conduziria para a Jordânia. As estradas da região já eram, praticamente todas, asfaltadas (estávamos na terra e na era do petróleo barato), mas em um pequeno trecho, antes de chegarmos a nosso destino, uma obra na pista obrigava todos os veículos a seguir em fila única, lentamente e sem ultrapassagens. Eis então que nosso loquaz motorista resolve fugir à fila e fazer seu próprio percurso...pela contramão. A experiência foi bem sucedida até chegarmos a um posto de controle da Real Polícia do Reino Hachemita da Jordânia, em cujas terras já estávamos! Nesse ponto fomos barrados por uma patrulha armada, instalada em um jipe Land Rover de combate. Soldados usando *kefiehs* – aqueles turbantes de tecido branco-e-vermelho quadriculado utilizados pelos beduínos -, bem armados, deram-nos ordem para parar. Nosso motorista, na dúvida, preferiu acelerar e escapar, a toda velocidade, pelo deserto. Um Dodge novo é bem mais veloz do que um jipe militar blindado: essa foi nossa salvação. Encolhidos nos bancos, esperando pelas balas que não vinham, chispamos pela estrada agora já novamente asfaltada. Contornamos o Mar Morto, passamos pelas ruínas atribuídas à casa do Bom Samaritano, subimos a serra para alcançar Jerusalém e... ufa!... ali chegamos lívidos, esbaforidos mas vivos. Saltamos rápido, antes que identificassem o carro (nunca mais soubemos de seu destino), e entramos em nosso hotel, já reservado, bem próximo a uma das portas da muralha da cidade velha.

Os dias em Jerusalém foram mais tranqüilos, com visitas aos lugares santos das três religiões: Muro das Lamentações, Horto das Oliveiras, Mesquita Al Aqsa, Santo Sepulcro, Gruta de Belém... Visitamos também o museu que exibia os pergaminhos do Mar Morto, descobertos não fazia muito tempo, Jericó e as ruínas de sua muralha e, próximo desta, um campo de refugiados palestinos. Nosso guia, um simpático jordaniano, alertou-nos apenas para não tirar fotos desses refugiados, pois, no seu dizer, eram pessoas um tanto revoltadas em razão de sua desdita.Para completar esse périplo turístico-religioso, visitamos as margens do Rio Jordão e demos umas boas braçadas no Mar Morto, no qual ninguém se afoga, pois não se consegue afundar, devido à elevada densidade de suas águas salgadíssimas. Saturadas com compostos de sódio, cloro, bromo, magnésio e diversos outros minerais, essas águas constituem uma verdadeira sopa química que aos poucos se evapora sob o forte sol da região. O Mar Morto, cujas margens já são o ponto mais baixo da crosta terrestre, está fadado, com o passar dos anos, a desaparecer.

Chamou-nos a atenção a aridez de todas essas terras percorridas, em contraste com o verde que, no horizonte, delimitava o Estado de Israel. Era o milagre da água, utilizada com parcimônia e critério pelos israelenses para irrigar, por gotejamento, pomares e jardins cultivados naquele solo seco. Explicou-nos, entretanto, nosso guia jordaniano, que essa aridez começara com os tempos da ocupação romana. Desde aquela época o desmatamento progressivo provocara o empobrecimento do solo e a desertificação da região. Ainda segundo ele, a prova dessa intervenção nociva do homem está em umas poucas árvores preservadas em Jerusalém, no chamado Horto das Oliveiras. Com troncos de mais de um metro de diâmetro, que dois de nós juntos não conseguíamos abraçar, algumas oliveiras milenares ali ainda resistem bravamente à passagem dos séculos. Diz-se mesmo que sob elas teria orado Cristo em sua vigília naquele horto.

A viagem de regresso à Europa, toda feita por terra, levou-nos a Amman, capital da Jordânia, e a Aleppo, no norte da Síria, próximo ao Iraque, antes de cruzarmos a fronteira turca. Acabáramos de percorrer algumas regiões onde a paz talvez só tenha existido durante curtos períodos de tempo, nos intervalos de sucessivas guerras de conquista que as têm assolado no transcurso dos milênios. Por sorte, nosso motorista dessa feita não ensaiou nenhuma infração que nos ameaçasse com nova perseguição pelas patrulhas do rei Hussein. Conseguimos chegar em paz à costa turca do Mediterrâneo, em Iskenderun, antiga Alexandreta, cidade fundada por Alexandre, o Grande em seu avanço rumo ao vale do Indo, no oriente. Mais uma noite viajando de ônibus e chegávamos ao Bósforo, o estreito divisor entre a Ásia e a Europa, e entrávamos, sãos e salvos, em Istambul, a velha Bizâncio que sucedeu Constantinopla.

16. O vendedor de tapetes

Norte da África, dezembro de 1976

O deserto do Saara não é totalmente desconhecido para aqueles que, viajando de avião do Brasil para a Europa Central, sobrevoam-no durante o dia. É uma imensa extensão amarelada, tendendo mais para o ocre, com pontos mais escuros de quando em vez – os oásis – e trilhas que do alto pressupõe-se tratar de estradas primitivas ou, quem sabe, caminhos de caravanas. É tudo que se vê, até chegar-se à orla do Mediterrâneo, onde o verde das culturas e as manchas urbanas distribuídas pela costa nos anunciam terras mais férteis. Certa vez, sobrevoando a cidade de Constantine, a leste de Argel, pude até identificar, lá do alto, o grande complexo de construções brancas que constitui a universidade local, projeto do nosso Oscar Niemeyer.

Do solo, no entanto, a visão torna-se bem diferente. Argel, com seus arredores implantados em ligeiro aclive, aparenta ser uma Marselha às avessas, voltada para o norte e não para o sul como aquela, mas com uma formação costeira bastante semelhante ao longo do mesmo Mediterrâneo, quase sempre azul. Na década de 1970, quando a visitei por várias vezes, era uma cidade relativamente bem cuidada, com suas mesquitas e igrejas, a casbá e alguns excelentes restaurantes instalados em pontos pitorescos da costa acidentada. Ali se cultivavam ainda os hábitos gastronômicos deixados pelo colonizador francês e os bons vinhos produzidos na região. Os frutos do mar e a carne dos marcassins – filhotes de javalis com menos de um ano – são algumas das iguarias locais, complementadas pelo generoso cuscuz, prato de resistência que deve equivaler, em peso e calorias, à nossa feijoada. Como sobremesa, as tâmaras frescas, servidas ainda em seus cachos, são inesquecíveis.

Essa orla sul do Mediterrâneo se presta bem à agricultura. A baixa incidência de chuvas e o solo calcário que predomina em muitas áreas propiciam o cultivo de cítricos, vinhas e oliveiras. A população local é constituída principalmente por berberes e não por árabes como supõem os menos informados. No círculo familiar são falados idiomas camito-semíticos como o cabila, bastante difundido na Argélia.

A língua oficial nesses países do norte da África é, todavia, o árabe, embora o francês ainda seja a língua de mais fácil comunicação para os visitantes estrangeiros na Argélia, Marrocos e Tunísia.

Nosso objetivo era discutir com empresas locais a implantação de projetos para produção de gás natural e derivados de petróleo e, para tanto, necessitaria visitar algumas cidades distantes da capital. O programa de visitas, pré-agendado, transcorria sem transtornos quando um contratempo ocorrido numa viagem a Oran, onde visitaríamos instalações para exportação do gás explorado no deserto, permitiu-nos conhecer melhor o interior da Argélia e a cultura de seu povo. O vôo de ida, partindo de Argel e com menos de uma hora de duração, foi tranqüilo e pontual. Oran conserva, tal como Argel, as marcas do período colonial francês, com edifícios oficiais no estilo europeu do fim do século XIX. Rumando mais para o sul, chega-se a uma região árida, rica em petróleo e gás, que se estende pelo Saara, interrompida apenas pelos ergs – montanhas constituídas por dunas de areias – e pelos providenciais oásis que quebram a monotonia do deserto. Não chegamos, todavia, a penetrar no deserto, pois nossos planos tiveram que ser modificados, devido a uma imprevidência de nossos anfitriões. Numa véspera de feriado prolongado – a Festa do Cordeiro –, não cuidaram com a devida antecedência da reserva das passagens de retorno a Argel. Todos os vôos estavam lotados. Percebia-se por toda parte, na medida que o dia avançava, a grande expectativa da população pelo feriado que começaria dentro de poucas horas. Mas que cordeiro era esse? Qual o significado dessa festa? Foi então que um de nossos acompanhantes, com paciência e o orgulho de nos transmitir sua cultura, explicou ser a comemoração do sacrifício de um cordeiro pelo homem santo Ibrahim, importante personagem do Alcorão, o livro sagrado dos muçulmanos. Ibrahim e Abraão, vê-se logo, são a mesma pessoa, venerada em três religiões – islamismo, cristianismo e judaísmo – e a festa tão esperada nada mais era do que a comemoração do que se designa na Bíblia como o sacrifício de Abraão!

A conseqüência da falta de passagens de retorno por avião foi, para nós, uma inesperada e longa viagem noturna, de carro, por estradas costeiras que às vezes se bifurcavam sem sinalização adequada. Sentia-se o desespero de nosso motorista, um jovem engenheiro designado para nos levar de volta a Argel em pleno feriado do cordeiro. Em Mostaganem, primeira escala nesse périplo argelino não programado, tomamos uma sopa da qual ainda hoje me recordo. Quente, farta, servida com pão, alimentou-nos por todo o resto da viagem, noite adentro. Fizemos ainda breves paradas em Tènés e Cherchell, também na costa, até alcançarmos Argel, onde fomos finalmente devolvidos, em segurança, ao Hotel Aletti, então o mais moderno da cidade, no qual estávamos hospedados. Graças a esse contratempo, ficamos conhecendo um pouco melhor o interior do país e os hábitos e costumes de sua população nativa.

Ansioso para trazer algum artigo do artesanato local como recordação dessas exóticas jornadas, pus-me a percorrer, certa manhã, as principais ruas de comércio da parte mais antiga de Argel. Uma loja de venda de tapetes chamou-me a atenção: suas vitrines mostravam belas peças produzidas nas províncias do interior, algumas mesmo no extremo sul do país, no oásis de Tamanrasset, nas montanhas Hoggar e já próximo da fronteira com o Níger. Optei, todavia, por levar uma peça relativamente modesta, um tapete de lã com menos de dois metros de comprimento. Caberia facilmente na mala e não chamaria a atenção de nossa alfândega, pois seu valor era pequeno. Tentei negociar seu preço, mas foi inútil. O vendedor explicou-me que estávamos em um país socialista, cujos artigos tinham seus preços de venda fixados pelo Estado e eram, portanto, imutáveis. Apesar de minha insistência, motivada pelo fato de já estar acostumado com a prática da pechincha, institucionalizada em tais países, não foi possível demover meu interlocutor: fechamos negócio pelo preço de tabela. Segui então, frustrado em parte, pela mesma rua, tentando divisar outros artigos para levar de lembrança, porém logo desisti e voltei, tomando o rumo do hotel. Ao passar novamente diante da loja dos tapetes, ouço gritos aflitos e vejo, de seu interior, surgir o mesmo vendedor, que tenta me abordar. Imaginei logo que ele se enganara no preço e iria tentar cobrar-me a diferença, pois somente assim se poderia explicar tanta aflição. Aperto o passo e finjo que não ouço suas imprecações, segurando firme o embrulho do tapete. Não cederia depois de um negócio já fechado: azar o dele, pensei comigo. Mas o vendedor era insistente, conseguiu alcançar-me e finalmente me explicou: "Senhor, eu me enganei! O senhor levou um só tapete pelo preço de dois! Aqui está o outro, por favor, tomeo, é seu!". Ainda surpreso com tamanha honestidade, fiquei então sabendo que o que eu comprara era, na realidade, um *descent de lit*, ou seja, um tipo de tapete que se usa junto à cama de dormir e que, portanto, é vendido aos pares – um para cada lado da cama.

Parti da Argélia poucos dias depois. Ganhei, como lembrança de meus anfitriões, um cacho inteiro de tâmaras que ocupou metade de uma mala. Na outra metade, lá estavam os dois tapetes gêmeos. Ao decolar de Argel no vôo de regresso, não me escapou um pensamento de gratidão àquele vendedor, que bem poderia ter guardado para si metade da venda que me fez. São gestos como aquele que nos levam a ter boas lembranças das terras que visitamos...

Ásia

17. Da Sibéria ao Japão

União Soviética, junho de 1969

Alguns dias de permanência em Moscou precederam uma invulgar viagem pela Sibéria, justamente na época em que a URSS e a República Popular da China combatiam pela posse de algumas ilhas no rio Ussuri, que delimita esses dois países no Extremo Oriente. Viajando da Europa Ocidental para o Extremo Oriente, essa escala em Moscou permitiu, a mim e ao grupo de alunos que eu conduzia – todos recém-graduados no Brasil em vários ramos da engenharia –, conhecer um pouco dos costumes soviéticos em plena era Brejnev. Embora submetidos ao controle que nossos guias oficiais tentavam exercer sobre nossos deslocamentos, eu e meus alunos não podíamos nos queixar da boa acolhida dos populares que encontrávamos, principalmente no luxuoso sistema de metrô que serve com grande eficiência a capital. Éramos abordados com freqüência por populares, que tentavam ensaiar palavras em inglês para saber de onde vínhamos e qual era nossa ocupação. Um desses populares, mais imaginativo, perguntou-me se éramos um conjunto de artistas. De certa forma ele estava certo, pensei comigo, se soubesse das peripécias que essa viagem de volta ao mundo nos tinha reservado.

Uma visita à Universidade dos Povos Patrice Lumumba, destinada exclusivamente à formação de profissionais estrangeiros que, após se graduarem, deveriam regressar a seus países, possibilitou-nos entrevistar diversos jovens brasileiros que ali estudavam. Tinham obtido das autoridades soviéticas bolsas de estudo para cursar, sem custos, essa universidade. As queixas desses estudantes eram várias: as condições de vida, a alimentação, o nível dos professores, inferior ao dos professores que lecionavam para alunos russos, enfim, uma longa seqüência de lamentações, coroada pela manifesta saudade do Brasil, que todos expressavam.

Ao saberem que estávamos, naquela mesma tarde, partindo para a Sibéria, nossos patrícios estudantes arregalaram os olhos. A palavra Sibéria ainda guardava, naqueles tempos, a imagem de degredo e punição que conquistara na era czarista e que fora amplamente estimulada durante o período stalinista. Expliquei-lhes que estávamos apenas tirando proveito de uma rota mais curta e mais barata para atingirmos o Japão, nosso destino. Ainda surpresos, desejaram-nos então sucesso nessa empreitada, lançando-nos, todavia, olhares que definiríamos como um misto de pena e de apreensão. Afastando pensamentos negativos e confiantes em nossa boa sorte, partimos logo em seguida para pegar o vôo da Aeroflot, a companhia aérea estatal, tendo como destino a cidade de Khabarovsk, no extremo oriente. Khabarovsk é o centro administrativo da região autônoma do Birobidzhan, constituída nos anos 1930, em plena era Stalin, para ser um lar para os judeus da União Soviética. Não chegou a haver, entretanto, uma migração maciça de judeus para essa região e a experiência, que antecedeu em quase duas décadas a criação do estado de Israel, fracassou.

O vôo Moscou-Khabarovsk foi, para bem defini-lo, excitante. As despedidas no aeroporto moscovita de Domododjevo foram tristonhas, com os adeuses de alguns familiares dos russos que embarcavam, todos com semblantes carregados. O Iliushin-62, um quadrijato usado para vôos longos, partiu lotado (durante vários anos esse avião fez, mais tarde, a rota Brasil-Moscou). Os passageiros se dividiam em quatro grupos bem diferenciados: os brasileiros, falantes, com roupas coloridas e ansiosos para tirar fotografias, aliás, estritamente proibidas; alguns russos em roupas civis, vestidos nas cores padronizadas então usadas – marrom, preto e azul escuro – provavelmente funcionários baseados no extremo oriente soviético; um grupo de bonitas jovens, de tez clara, na maioria louras, falando uma língua não eslava para mim inteiramente desconhecida; e finalmente o quarto grupo e o mais numeroso, constituído por militares fardados, com grossos casacos de lã, botas de cano alto e seus indefectíveis bonés de pele. Deduzimos que estavam sendo deslocados para a região em conflito com a China. Poucas semanas antes escaramuças pela posse de uma ilha fluvial denominada Domansky haviam causado algumas baixas, de parte a parte.

O vôo foi tranqüilo, sem turbulências. O serviço de bordo foi correto, embora simples. Meus alunos apenas estranharam aquele tipo de goiabada escura, com a forma de um tablete servido para cada viajante, com gosto peculiar que não sabiam identificar. Ganhei deles todos os tabletes, pois ao prová-los não gostaram. Era caviar em pasta... Fartei-me.

Na latitude em que voávamos, bem ao norte para evitar o espaço aéreo das repúblicas da Mongólia e da China Popular, as noites de verão eram curtas. Pudemos assim apreciar o nascer do sol em plena Sibéria, completamente gelada. A imagem que se via do alto era a de uma planície que se perde no horizonte, interrompida às vezes por cadeias de montanhas também geladas ou por rios congelados, de superfície espelhada. Uma visão fantástica, que dá mostras, ao mesmo tempo, das riquezas minerais que devem estar ali contidas e das dificuldades sobre-humanas para explorá-las. Após sete horas de vôo e mais sete horas de mudança de fuso horário, que se somam, aterrissamos finalmente em Khabarovsk, situada à margem do Rio Amur. O aeroporto estava enfeitado para uma grande recepção e ao desembarcar notamos a presença de muitas delegações que vinham trazer boas vindas a alguém nesse vôo. Seria para receber-nos, talvez como os primeiros brasileiros nesse fim-de-mundo? Engano: a recepção era para as bonitas jovens louras que, soubemos então, constituíam uma delegação de artistas da república soviética da Lituânia em visita à região.

Ao deixar o aeroporto, embora nossos estômagos pedissem um café-da-manhã, nossos anfitriões, obedecendo à hora local, insistiram em nos servir um almoço farto e regado a cerveja da região. Tudo isso precedido de brindes com vodka, pouco apropriados para quem estava, até então, em jejum. Assim mesmo conseguimos manter a sobriedade.

Para acompanhar-nos numa visita à cidade foi designada uma engenheira de minas, russa, bastante gentil e atenciosa. Vitória, chamava-se ela, trabalhara vários anos em Cuba e falava um espanhol excelente. À tarde, após um giro de ônibus pela cidade e pelas margens do rio no qual circulavam, em patrulha, algumas lanchas torpedeiras, fomos para a estação da Ferrovia Transiberiana, que cruza a cidade, ligando-a com Moscou, a oeste, e a Vladivostok, ao sul, na costa do Mar do Japão. Embarcamos num trem confortável e longo, que saíra de Moscou seis dias antes e percorremos toda a região fronteiriça com a antiga Manchúria, aproximando-nos aos poucos da costa, onde termina essa que é a mais longa ferrovia do mundo, com

9.248 km de extensão. Atravessamos várias aldeias com aparência pobre e mal cuidada e algumas áreas agrícolas que se intercalavam com zonas de pastoreio. Os combustíveis utilizados localmente – carvão mineral e lenha – agregavam ao ar um cheiro peculiar. Os moradores que avistávamos fora de suas casas observavam o trem, sonhando em conhecer um dia – quem sabe? – Moscou ou o mar. Depois de uma noite e um dia de viagem esse trem finalmente nos deixou no cais do porto da cidade de Nakhodka, onde embarcamos no MS Baykal, navio de passageiros que fazia a rota para Yokohama, no Japão. Despedimo-nos de Vitória, que nos levou até a escada do portaló – aquela escadinha balouçante que os navios baixam na sua borda – e pouco depois já estávamos navegando, vendo ao longe Vladivostok, cidade então totalmente proibida aos estrangeiros por abrigar a frota naval soviética do extremo oriente. Mais ao longe e com certa boa vontade acreditávamos ver também o que seria a costa da Coréia do Norte, que num pequeno trecho faz fronteira com a República Russa nessa região.

Foi também tranqüila essa última parte de nossa longa viagem. De quando em vez éramos sobrevoados, a baixa altura, por aviões militares japoneses em missões de observação. Acenávamos para eles! O Baykal, construído na Alemanha Oriental, era um navio relativamente pequeno, porém confortável. Atravessamos o estreito de Tsugaru, que separa as duas maiores ilhas do Japão – Hokkaido e Honshu – e por mares calmos, em companhia de alguns viajantes europeus que nos confirmaram ser essa, pelo menos naquela época, a rota mais barata para se chegar ao Japão, aportamos finalmente em Yokohama onde nos esperava um aguaceiro tipicamente tropical. De trem seguimos então para Tóquio, em cuja estação central já nos aguardavam, perfilados na plataforma, os representantes de nossos anfitriões nipônicos: três engenheiros que nos acompanhariam durante um mês de visita a esse extraordinário país.

Viajar da Sibéria ao Japão, usando o avião, o trem e o navio, constituiu para todos nós uma experiência ímpar e, para mim em particular, uma boa oportunidade para me fartar de comer o caviar que meus alunos recusaram...

18. Beethoven em Cantão

China, julho de 1986

Era manhã de domingo e visitávamos o zôo da cidade de Guangzhou, mais conhecida em português como Cantão. Essa é a cidade das grandes feiras comerciais, porta de entrada do sul da China, construída sobre o Rio das Pérolas que vai desaguar no Mar da China, próximo de Macau. A temperatura amena e o céu claro prenunciavam um bom dia para os passeios ao ar livre. Nos gramados, pessoas idosas praticavam Tai Chi Chuan, exercícios físicos tradicionais chineses. Grupos de estudantes em visita ao zôo deslocavam-se disciplinadamente, liderados por suas professoras. Setas indicativas encaminhavam os visitantes para a área onde vivem os ursos pandas, verdadeiras vedetes do parque. Alguns animais menos raros, entretanto, conseguiam também atrair a atenção dos visitantes: tigres, hipopótamos e leões africanos eram os mais observados.

Em meio ao vozerio próprio dos locais de visitação pública, alguns sons, ao longe, chamaram nossa atenção – era música. E música clássica ocidental! Com um amigo, segui a direção de onde vinham os sons, que se tornavam mais e mais nítidos. Identificamos na música a Ode à Alegria, tema principal do quarto movimento da 9ª sinfonia de Beethoven, aquele tema que foi adotado como hino da nova Europa unificada. Meu amigo, musicólogo entusiasta, empolga-se e apressamos o passo até que divisamos um galpão de onde provinha a música. Entramos e, ao invés de uma orquestra, encontramos um sistema de som que animava dezenas de crianças, todas pequenas, nos seus 3 a 4 anos, que cavalgavam, ritmadas, cavalinhos de madeira dispostos em uma grande sala. Como num grande parque de diversões, faziam exercício enquanto seus pais as observavam. Surpreendeu-nos essa maravilhosa síntese cultural, ao vermos crianças orientais apreciando o que de melhor existe na música clássica de um Ocidente distante, que até poucas décadas atrás era o colonizador desse imenso país. A cena que presenciávamos era tão etérea que nos esquecemos dos pandas! Ora, os pandas!

Partindo de Cantão, nosso grupo de viajantes brasileiros teve oportunidade de percorrer grande parte desse imenso país, de sul a norte, do Himalaia ao Mar Amarelo, de avião, trem, ônibus, barcos fluviais e, em algumas cidades, utilizando até os tradicionais jinrikixás – triciclos de tração humana que, no Oriente, fazem a vez de táxis para distâncias curtas. A China se abria então aos viajantes estrangeiros e estávamos entre os primeiros brasileiros a visitar o Tibete.

Em Xian, a antiga capital da dinastia Qin, visitamos as escavações do exército de guerreiros em terra cota que havia sido recentemente descoberto e vivemos outra experiência musical que nos surpreendeu. Assistimos pacientemente, durante várias horas, a uma ópera em quatro atos, encenada com ricos guarda-roupas e por intérpretes de vozes melodiosas, porém distantes de nosso gosto musical. O enredo era difícil de ser compreendido, embora as falas fossem projetadas, numa tela acima do palco, em ideogramas chineses, para deleite dos que os compreendiam. Fizemos esforços inúteis para concatenar as quatro partes da história encenada (um dos nossos conseguiu, com grande criatividade, conceber uma história única ligando as várias partes e que até fazia sentido). Grande foi nossa surpresa, entretanto, quando nossos guias esclareceram que os quatro atos pertenciam, na verdade, a quatro óperas distintas, sem nenhuma relação entre si! Essa musicalidade é tão intensa que, dias depois, no saguão do hotel que nos hospedava em Beijing (a Pequim da grafia tradicional), uma pianista executava, nos finais de tarde, uma coletânea de músicas da dinastia Tang – período em que as artes atingiram seu ápice na longa história desse país fascinante –, entremeadas com peças de Chopin, numa aparente homenagem aos hóspedes ocidentais.

Xian, além de ser hoje um dos grandes destinos turísticos do país, ainda cultiva seu passado como ponto extremo da Rota da Seda, que ligava a Ásia Central à Europa, no percurso das caravanas comerciais que trouxeram Marco Polo e seus venezianos. Um mesquita utilizada pelos mercadores e cameleiros dessas caravanas ainda subsiste e a gastronomia local oferece, para nossa surpresa, os tradicionais raviólis que, diz-se, ali tiveram sua origem.

De Xian a Beijing percorremos uma parte do vale do Rio Amarelo em trens ainda puxados por locomotivas a vapor. Sente-se, pela má qualidade do ar, tanto nas cidades como no campo, o impacto ambiental causado pelo uso intenso do carvão mineral, combustível fóssil em que a China é rica. O aquecimento das casas no inverno ainda é feito, em grande parte, por estufas que consomem briquetes de carvão pulverizado e prensado, de forma cilíndrica. Espera-se que, com maior disseminação do uso da energia elétrica, esse terrível impacto causado ao meio ambiente pela utilização generalizada do carvão possa ser contido.

O progresso na China caminha a passos largos. Uma sociedade agrária que salta em poucas décadas para os domínios da alta tecnologia merece ser mais estudada. De um país pobre e dividido por guerras internas e um povo despojado de auto-estima, chegou-se, em pouco mais de uma geração, a uma sociedade organizada, com elevado apreço pelas ciências e artes e extraordinário pendor para o comércio. Os efeitos desse progresso acelerado sobre o consumo mundial de matérias-primas e alimentos prometem, no entanto, ser devastadores. A motorização de uma população que já ultrapassa 1,2 bilhão de seres, que hoje se utilizam principalmente da bicicleta em seus deslocamentos, influirá maciçamente sobre a matriz energética mundial e, certamente, sobre o preço dos combustíveis.

Embora vários centros urbanos venham despontando, a partir dos anos 1980, como importantes pólos de comércio internacional, tendo à frente Shanghai, competidora histórica de Hong Kong, algumas regiões do país ainda conservam características que nos fazem regredir à Idade Média tal como a imaginamos no Ocidente. Esse é o caso do Tibete, região autônoma incorporada à China, cuja cultura milenar vem resistindo às intensas mudanças por que passa o restante do país. Num passeio pelas ruas de Lhasa, sua capital, podem-se encontrar os tipos mais exóticos. A rua Octogonal (pois tem, realmente, oito trechos retos que se fecham numa figura poligonal de oito lados) reúne peregrinos que vêm à cidade visitar seu mais famoso templo, o Johang. No vestir, no olhar, no modo de caminhar e na prática de se jogarem ao chão, prostrando-se súbita e estrepitosamente em sinal de penitência, os tibetanos são pessoas cujas mentes estão muito distantes de nosso modo de pensar. Contrapondo-se às iluminadas ruas centrais de Shanghai, os templos do Tibete são escuros, iluminados apenas por candeeiros, onde se queima um óleo obtido da manteiga produzida com o leite de iaques – búfalos típicos do país, de grossa pelagem que os protege do frio intenso vindo do Himalaia. O cheiro exalado pela queima desse óleo é indescritível, azedo e enjoativo, fixando-se para sempre na memória olfativa dos visitantes desses mosteiros. Muitos monges ainda demonstram lealdade ao Dalai Lama, seu líder espiritual que se exilou na Índia para escapar ao domínio chinês implantado nos anos 1950. A rarefação do ar que se respira nessas grandes altitudes – estamos a mais de 4.000 m acima do nível do mar – contribui para estimular os pensamentos místicos que costumam assaltar a maioria dos visitantes dessas paragens. Vários integrantes de nosso grupo sofriam à noite de pesadelos, quase sempre associados com as figuras dos ídolos e as pinturas místicas vistas durante o dia nos mosteiros visitados.

Apesar do progresso material que hoje ostenta, a China ainda oferece oportunidades de introspecção que surpreendem a todos que a visitam. Assistir à lua cheia nascendo atrás das montanhas do Himalaia, sentados à margem do Rio Lhasa e ao som de músicas folclóricas locais, é uma dessas experiências por que passamos e que dificilmente se repetem. Experiência apenas superada, talvez, pela lembrança que guardamos dos cantos infantis que um grupo de crianças tibetanas entoavam em uníssono e de forma cadenciada, sem que percebessem nossa presença, em um pequeno templo, à sombra do Potala, o palácio outrora ocupado pelo Dalai Lama. Ao invés de canções, essas crianças recitavam sutras – breves aforismos da moral cotidiana – ditadas por um monge. Tal como o Beethoven que ouvíramos em Cantão, esse coro infantil também tocou nossos corações.

19. As visões de Bangalore

Índia, novembro de 1993

Uma cidade agradável, situada em um platô a cerca de 1.000 metros de altitude, Bangalore é a capital do estado de Karnataka, conhecido antigamente como estado de Mysore. Seu povo, de pele escura, típico do sul da Índia, fala um idioma dravídico – o karnaka – bem distinto do grupo de línguas indo-arianas faladas ao norte da Índia (que se relaciona com a maioria dos idiomas europeus, inclusive o nosso português). De clima ameno e saudável, a cidade é limpa, com muitos parques – em um deles deparei com uma estátua intacta, em impecável mármore branco, da Rainha Vitória da Inglaterra, que durante seu reinado era também Imperatriz da Índia.

Porém, no que considero sua qualidade principal, Bangalore é dotada de excelentes centros de pesquisa e ensino. Aqui vive a *intelligentsia* da tecnologia indiana. Empresas modernas e eficientes, conduzidas por ascéticos PhDs e jovens com cérebros brilhantes, daqui se exporta massa cinzenta para todo o mundo. Bangalore foi mais uma agradável surpresa, na Índia exuberante que aprendi a admirar.

Essa era minha segunda visita à Índia – ali já estivera quatro anos antes –, mas era a primeira vez que visitava o sul desse país fascinante. A serviço das Nações Unidas, eu fazia, junto com um professor da Universidade de Roma, a avaliação de um projeto para o desenvolvimento de pequenas e microempresas, sustentado com verbas européias. Visitei, para avaliar os progressos alcançados, várias empresas familiares que receberam ajuda para se modernizar. Fui recebido, entre outros, pelo dono de uma indústria gráfica, que me mostrou seu parque de máquinas, constituído por modernas impressoras de livros escolares editados no bonito e rebuscado alfabeto karnaka, adotado naquela região. Enquanto tomávamos chá, em companhia de sua mulher, explicou-me ele que a ajuda recebida pouco lhe adiantara, pois já estava muito avançado na informatização de seu negócio, especialidade de seu jovem filho que se juntou a nós nesse delicioso chá da tarde.

Faltou dizer-me – sua discrição e humildade oriental o contiveram, estou certo – que os doadores europeus teriam muito a aprender com ele e com seu filho.

Visitei ainda outras empresas indianas que também haviam recebido a ajuda européia e, ao avançar em minhas conclusões, comecei a me perguntar quem deveria estar, de fato, prestando ajuda a quem. Tive resposta para essa dúvida quando fui recebido, na universidade local, por um grupo de professores. Convidaram-me para almoçar. Cercado por doutores que trajavam simples camisolas ou batas e calçavam sandálias que me lembraram Gandhi, sorvemos uma sopa vegetariana, espessa, perfumada, equivalente àquela que minha mãe fazia, com todos os legumes, para crescermos fortes e saudáveis – isso antes de surgirem essas sopas modernas, em pó, embaladas em coloridos pacotes de alumínio. Antes da sopa, porém, rezamos, cada um ao seu ou aos seus deuses, pois os professores eram hindus, politeístas. Eu rezei e pedi também ajuda para que aquele estranho caldo não me fizesse mal. Não fez até hoje – acho até que me fez bem, ajudando-me a ordenar melhor alguns pensamentos desde então. Após a farta sopa – foi somente essa a refeição pois, na Índia, os intelectuais comem modesta e moderadamente, para que uma digestão pesada não venha a requisitar o sangue que deve, prioritariamente, irrigar o cérebro e estimular os pensamentos –, fomos todos visitar a biblioteca. Estantes simples, de bambu, com prateleiras de placas de madeira compensada, era tudo que tinham como mobiliário. Sim, mas encontrei ali a mais moderna literatura técnica, procedente de todo o mundo, manuseada por alunos ávidos por conhecimento. Conversamos sobre o futuro – da ciência, da Índia, do Brasil, da humanidade, das patentes. Idéias claras, simples, poucos índices e muito conteúdo. Simplicidade e sabedoria caminham juntas, pelo menos na Índia. Tive ali uma visão do potencial intelectual que cultivavam em Bangalore e imaginei-os, em breve, um centro mundial de excelência na tecnologia da informação.

Pois bem, menos de seis anos depois, os jornais de todo o mundo noticiavam a visita a Bangalore do ministro das Relações Exteriores da Alemanha, Joschka Fischer. Mas o que fora fazer em Bangalore esse senhor? O representante da terceira maior economia do mundo de então fora simplesmente oferecer vistos de residência para alguns milhares de doutores indianos, especializados em Tecnologia da Informação – a TI da chamada "nova economia" – que quisessem ir viver e trabalhar na Alemanha! Minha visão sobre o futuro de Bangalore se materializava. A cidade fora reconhecida como celeiro mundial da inteligência digital. Mas recordei-me também, ao ler essa notícia, dos operários turcos que havia visto, três décadas antes, compondo as linhas de montagem – de automóveis e eletrodomésticos – da Alemanha dos anos 60, já então a líder da "velha economia" na Europa. A história estaria se repetindo? Anos mais tarde vim a saber que fora muito pequena a adesão dos PhDs indianos a essa oferta alemã, aparentemente tentadora, de se mudarem para aquele país europeu.

Durante os dias em que permaneci em Bangalore fiquei hospedado no Taj Residence, um luxuoso apart-hotel localizado de frente para um dos parques da cidade. Nas ruas, ônibus vermelhos de dois andares me lembraram Londres, enquanto o povo, loquaz e simples, contente com o pouco de bens materiais que tinha, trouxe-me de volta à Índia milenar. Em algumas esquinas, mulheres vendiam combustível para os modestos fogões das cozinhas locais. São rodelas de cor castanha, com o formato e o tamanho de mini-pizzas, penduradas em cordéis, tal como peças de roupa a secar. Aproximo-me para examiná-las melhor, apalpo-as e, pelo cheiro que exalam descubro que são... bem... produzidas pelas vacas que, às centenas, circulam livres e sagradas por toda parte, sem serem molestadas, como preceitua a religião hindu. De quando em vez essas vacas soltam uma dessas massas pastosas que, ao caírem no chão, se achaparram, formando as tais rodelas que, depois de secas, constituem uma ótima fonte de energia alternativa e renovável. Solução local que, embora poluindo o ar ao queimar, está alinhada com os princípios do desenvolvimento sustentável. Evitam, assim, o uso da lenha para cozinhar, preservando as florestas que ainda lhes restam. Florestas que ainda abrigam umas poucas centenas de tigres!

Fui dormir, naquele dia cheio de novas descobertas, depois de fazer, em meu quarto no hotel, uma refeição frugal. Nos hotéis da Índia – pelo menos naqueles de maior categoria – o hóspede recebe no quarto uma grande bandeja com frutas tropicais, onde predominam as mangas, enormes e carnudas, originárias daquela região. Dormi tranqüilo, sonhando com odaliscas e marajás, mas acordei num horrível sobressalto: um tigre me atacava, saltando de uma moita de capim alto. Era uma visão assustadora que, felizmente, logo se desfez quando percebi ter sido apenas um pesadelo. Mas notei que essa visão me levara à minha infância quando, com apenas quatro ou cinco anos, ganhei de meu avô alguns cadernos com figuras para colorir. Era uma coleção que se chamava "O Menino Pintor", composta de inúmeros cadernos com títulos sugestivos como O Menino Pintor na China, O Menino Pintor na África, O Menino Pintor na Índia etc. Estava ali, numa dessas figuras que eu havia colorido uns cinqüenta anos antes, o tigre que me atacou! Lembrei-me, num repente, passando por aquilo que os psicólogos chamam de regressão, de minha meninice, pintando com lápis de cor a figura de um tigre, bonito e alaranjado, saltando de uma moita de capim alto... Minha caixa de lápis de cor era das pequenas, com apenas doze cores. Para se chegar ao alaranjado típico do pêlo do tigre, tinha-se que pintá-lo de amarelo e então, de leve, recobrir com o lápis vermelho até chegar à tonalidade correta daquele tigre que quase me devorou em sonho! Essa segunda visão tida na longínqua Bangalore me revelou, por fim, a origem de minha paixão pelas viagens a terras exóticas. Uma simples coleção de cadernos para colorir me havia despertado, assim explico, para um gosto que cultivo até hoje – conhecer outras terras e outras culturas, apreciando-lhes sempre as qualidades e esquecendo, em pouco tempo, seus defeitos.

A Índia fascina pelos contrastes que apresenta. Ao mesmo tempo em que importa papel retirado do lixo dos países ricos, para reciclar, gerando assim emprego para milhares de catadores de baixa qualificação, exporta doutores altamente qualificados para esses mesmos países da Europa e da América do Norte. Como encarar esses dois fluxos de comércio – lixo e cérebros – dentro dos modernos conceitos da globalização? Existe aí algum subsídio embutido? Será que os números frios que expressam os PIBs, PNBs, IDHs e outros mecanismos utilizados para medir os povos e países conseguem expressar, efetivamente, a riqueza de uma Índia? O que sei é que minhas conversas com o pequeno empresário e seu filho, que me ofereceram chá, e com os sábios que me ofereceram a sopa de legumes influenciam, até hoje, minhas observações sobre os verdadeiros valores das sociedades que visito.

Conhecer Bangalore, antes de ela tornar-se mundialmente famosa por sua competência na informática, foi, para mim, um privilégio. Ali aprendi que massa encefálica, alimentada com uma boa sopa, é capaz de gerar a mais qualificada linha de exportação que um país emergente, carente de recursos para investimentos, pode oferecer – a capacidade de pensar. Essa é uma das visões que tive em Bangalore e que poderíamos repetir, se apenas quiséssemos, em nossa terra.

20. A morte do Mar de Aral

Ásia central, novembro de 1993

Duas semanas na Índia, avaliando projetos de investimentos promovidos pelas Nações Unidas, estavam terminando e meu próximo destino era Viena, onde apresentaria um relatório com minhas conclusões. Depois de visitar diversas cidades mais ao sul – Bombaim, Hyderabad, Bangalore – estava agora em Delhi, onde despendi um fim de semana visitando templos e locais de culto das diversas religiões praticadas nesse país único, multiétnico, com sua densa atmosfera mística e uma população tão heterogênea. Cores e sons, sabores e odores, intensos e variados ativam os sentidos do forasteiro nesse subcontinente superpovoado. Mas era hora de cruzar o Himalaia, num dos trajetos aéreos mais longos que já percorri, e de voltar à Europa, também heterogênea e multicultural.

Em viagens anteriores já havia travado contato direto com o Himalaia, essa imensa cordilheira que separa a Ásia Central das águas cálidas do Oceano Índico. Estivera duas vezes bem próximo do monte Everest, observando-o de sua vertente norte, avistada do Tibete, e de sua face meridional, no reino do Nepal. Uma incursão a cidades do interior desse reino hindu, preservadas das modernidades em vales cercados por montanhas sempre nevadas, levou-me a imaginar como há de ter sido a vida, em tempos mais remotos, nos Alpes europeus, sem o recurso às modernas tecnologias. A vastidão das paisagens e o misticismo que entranha os templos e mosteiros engastados nessas montanhas do Himalaia, aliados com a rarefação do ar, alteram, com certeza, a percepção e os sentidos daqueles que se aventuram por essas paragens, que fazem lembrar a lenda de Shangri-lá, a terra da eterna juventude.

A partida de Delhi para a Europa estava marcada para a manhã de um domingo, no mesmo dia em que, naquele ano se comemorava o Dívali, o equivalente, para os hindus, ao nosso dia de Natal. No trajeto para o aeroporto percorri, de táxi, as ruas planejadas e bem arborizadas da Nova Delhi, herança urbanística e arquitetônica da administração britânica que dirigiu o país até 1947. No aeroporto, grupos de viajantes muçulmanos, em peregrinação a Meca, na Arábia, aguardavam pacientemente seus vôos fretados. Os balcões para os vôos internacionais estavam apinhados de passageiros que, em precárias filas, nem sempre respeitadas, tentavam ser atendidos a uma só vez. O vozerio é grande. Estou tranqüilo, pois tinha reconfirmado minha reserva na classe executiva da companhia aérea que me levará a Amsterdã e dali a Viena. Ao ser atendido, entretanto, sou secamente informado de que não poderia embarcar, pois não constava da lista de passageiros. Insisto, forneço meu outro sobrenome, mas em vão: não estou listado e não há lugares disponíveis no vôo. Olho em volta e vejo os grupos que, sentados no chão, enrodilhados para se aquecerem do frio da manhã, aguardam pacientemente seus vôos para Meca. Tenho um sobressalto e, pelo menos de forma figurada, vejo-me na mesma situação desses pacientes peregrinos. Insisto. Invoco a ONU, que me fornecera a passagem e providenciara a reserva. Em vão: o vôo está lotado. Como último recurso apelo para a classe econômica – quem sabe alguma desistência? – "Bem, vejamos, sim, temos um lugar na última fila de poltronas, setor de fumantes, do lado do banheiro", informa o atendente. Olhando de relance mais uma vez para os grupos de contritos peregrinos que nos cercam, agarro a chance, sem pestanejar. Quem sabe se, uma vez a bordo, conseguirei me acomodar melhor?

Fui um dos primeiros a embarcar e apossei-me, fisicamente, da última poltrona. Sem levantar-me, peço para falar com a chefe de cabine. Uma holandesa educada e eficiente me informa, friamente, que não tenho escolha. A essa altura só há um jeito: resignação.

Através da pequena janela constato pelo menos um aspecto positivo dessa degradação de classe – e portanto, de conforto – que sofro por incompetência da empresa aérea: sendo a última janela, já na parte cônica da fuselagem do imenso Jumbo 747 (que comporta mais de 400 passageiros), é mais fácil visualizar o solo – terei pelo menos o consolo de tirar algumas boas fotos, se as nuvens permitirem! Pois dito e feito: o tempo estava ótimo e a longa viagem, cruzando toda a Ásia central, foi uma magnífica aula de geografia, que eu iria perder se viajasse na proa da aeronave. Decolamos e em pouco tempo estávamos sobrevoando a cordilheira do Himalaia. Tento ver os picos mais famosos – o Anapurna e o K2, principalmente –, observo a imensidão desse muro de rochas que resultou do encontro de duas placas tectônicas, partes distintas da crosta terrestre que se entrechocam nessa região, causando periodicamente fortes terremotos.

Sobrevoamos o Afeganistão, árido, seco, desolado. Avistamos uma cidade maior, que de acordo com meus mapas (sempre os carrego na bagagem de mão), deve ser Kabul, a capital. Avançamos pelas repúblicas que fizeram parte da União Soviética. Sobrevoamos o Uzbequistão e o Cazaquistão, cujos desertos foram percorridos por Marco Polo em sua viagem à China e, por fim, sobrevoamos a Rússia, que pude identificar ao cruzarmos um grande rio congelado, certamente o Volga. A rota prosseguia sobre a antiga Estalingrado, por Moscou – que não vimos por estar coberta por nuvens – e Riga, na Letônia, até atingirmos o destino desse longo vôo, Amsterdã, depois de sobrevoarmos partes da Alemanha.

Durante esse longo percurso comi, às pressas, a refeição de bordo que nos foi servida, para não perder nada dessas paisagens inesquecíveis. Também não me importei com as baforadas de fumaça que meus vizinhos fumantes soltavam ao praticarem seu vício tão pouco salutar. Nem aceitei a oferta, aparentemente tentadora, feita pela chefe de cabine, que, melindrada pela situação criada pela própria empresa, tentou trocar-me para um assento melhor, na área de não-fumantes, ocupado por um passageiro que queria fumar. Disse-lhe apenas que já me conformara com o lugar que me fora alocado e que faria questão de reportar o fato a meus superiores. É claro que, a essa altura, não trocaria essa janelinha providencial nem por um assento na primeira classe...

Contudo, os pontos altos de minhas observações geográficas e ambientais durante essa incomum viagem não foram os desertos, as montanhas nem os rios: foi um mar moribundo, o Mar de Aral. Formado principalmente por dois rios, o Syr Darya e o Amu Darya, que têm suas nascentes nas geleiras do Himalaia, esse mar, na realidade um grande lago em plena Ásia Central, constitui um dos maiores desastres ecológicos provocados pelo homem. Tudo começou com a utilização das águas dos dois rios para promover a irrigação das terras aráveis ao longo de seus cursos, incrementando a agricultura, concentrada no cultivo do algodão. No início os planos elaborados pelos burocratas, em Moscou, corriam bem. Os rios tiveram suas águas desviadas, as safras de algodão cresciam a cada ano, a população local tinha trabalho. O lago, rico em proteínas fornecidas pela pesca, conservava-se azul, com algumas praias que convidavam aos esportes. Mas com o passar do tempo percebeu-se que as margens do lago estavam recuando e sua superfície diminuía progressivamente. Os caudais dos dois rios lhe faziam falta. O desvio, para a agricultura, das águas que para ele afluíam romperam o equilíbrio do ecossistema. O colapso tornou-se então irreversível. Navios e barcos que singravam suas águas no passado jaziam encalhados, em dunas de areia, a quilômetros de distância das novas margens. Ao sobrevoá-lo pude notar as grandes áreas desérticas, esbranquiçadas, que circundam toda sua extensão. Com o passar do tempo surgiram ilhas e, finalmente, o lago-mar dividiu-se em dois, bem menores, que também minguavam. O cultivo do algodão também não ia bem. A degradação do solo, agora salino e exausto, requeria fertilizantes e as pragas que atacavam a monocultura do algodão tinham que ser controladas com o uso intenso de poderosos pesticidas. O clima na região tornou-se mais quente e seco – o mar fazia falta – e os vendavais se tornaram freqüentes, arrastando consigo os agrotóxicos utilizados em excesso. Doenças até então incomuns na região começaram a proliferar, o câncer entre elas. A pesca se tornou impraticável. Toda a região entrou em decadência, que hoje denota ser irreversível. O mar está morrendo lentamente e em poucos anos deverá estar totalmente seco – será um novo deserto, criado pela imprevidência humana.

Aterrissamos finalmente no aeroporto de Amsterdã, na Holanda, onde a água farta e bem administrada contrasta com a tragédia do Mar de Aral. A previdência dos holandeses sustenta sua luta secular contra a invasão do mar, que em tempos de ressaca ameaça inundar metade do país. Bela lição, ao vivo, recebi naquele dia, sobre a importância de mantermos o equilíbrio dos ecossistemas, assegurando nossas boas relações com a natureza. E tudo isso aprendi graças a uma falha de algum funcionário da empresa aérea – bendita falha!

Em outro vôo da mesma companhia, partimos logo a seguir para a Áustria, onde eu prestaria contas do meu trabalho na Índia. Esse foi um vôo impecável, com serviço de bordo irrepreensível, lugares marcados respeitados e atendentes gentis e prestativos. Ao final do vôo, um questionário distribuído a todos os passageiros solicitava sua avaliação sobre a qualidade do atendimento. No espaço destinado a "observações" manifestei minha plena satisfação, mas não deixei de relatar também meu contratempo com o vôo anterior. Para registro, apenas, pensei eu, de um transtorno que me propiciara uma das viagens mais fascinantes que já realizei.

21. O primeiro cliente

Seul, Coréia, agosto de 2001

Depois de 25 horas de vôo, partindo de São Paulo, chego a Seul, capital da República da Coréia (ou Coréia do Sul, como é vulgarmente conhecida), para participar de um congresso mundial sobre meio ambiente. Num imenso aeroporto recém-inaugurado, de limpeza asséptica capaz de fazer inveja a um hospital, travo os primeiros contatos com esse país que, cinqüenta anos antes, era um amontoado de ruínas, destroçado pelas guerras e assolado pela pobreza. Temos um belo dia de verão: sol forte e céu limpo recebem os congressistas. Ainda bem, pois o tema do congresso é "Ar puro nas grandes cidades" e sobre esse assunto os coreanos têm muito para ensinar. Realizado a cada três anos em um país diferente, esse congresso reuniria em Seul, durante uma semana, centenas de especialistas vindos de todo o mundo. Entre os convidados, dois laureados com o Prêmio Nobel, além de muitas autoridades e dignitários locais e internacionais ligados à área do meio ambiente. Um dos temas do congresso é a destruição da camada de ozônio, fenômeno atmosférico comprovado por um dos convidados a falar nesse conclave, o professor Mario Molina, cientista mexicano agraciado com o Prêmio Nobel por essa descoberta.

Seul é muito extensa e mais de 10 milhões de coreanos ali vivem. O Rio Han, que atravessa a cidade, margeado por parques e piscinas públicas, flui com suas águas tranqüilas. Milhares de moradores deixam seus carros em casa e em seus momentos de paz e merecido lazer, praticam esportes, nadam ou simplesmente caminham ao longo das margens do rio, com seus familiares. Nota-se um cuidado especial com as crianças e os idosos. A sociedade coreana do sul, fortemente enraizada nos princípios do budismo e nos ensinamentos de Confúcio, mantém há séculos sua identidade, apesar de estar encaixada entre dois vizinhos poderosos – China e Japão – e de ter ao norte sua irmã e rival, a Coréia do Norte.

Percorro a pé a parte central da cidade que visito pela primeira vez. Limpa, moderna, ativa. Trânsito intenso mesmo no domingo, pois aqui o comércio funciona sempre. São 10:20 da manhã quando sou atraído pelas vitrines de uma grande loja: é a Lotte, o grande magazine coreano que lembra as Galleries Lafayette, de Paris. Artigos de luxo, perfumes, roupas orientais e ocidentais, jóias. São oito ou dez andares de balcões e mostruários. Noto pequenos grupos de pessoas locais, na calçada, que conversam em voz baixa e parecem aguardar alguma coisa. Ao lado de uma das grandes portas, que constato estar fechada, indago de um guarda, uniformizado e usando luvas brancas, o que está ocorrendo. Informa-me que a loja abrirá às 10:30. Já são agora 10:28 h. Decido aguardar para também entrar.

A grande porta é então aberta. Confiro no relógio – são 10 horas, 30 minutos e 0 segundo. Movimentam-se na calçada, com calma e em silêncio, os visitantes locais. Vejo então que serei o primeiro a entrar, pois estava justamente ao lado do guarda que abre a porta com suas impecáveis luvas brancas. Entro. Piso de granito polido, vitrines e lustres de cristal, iluminação suntuosa, porém confortável. Ao dar os primeiros passos, sou surpreendido pelo sistema de som da grande loja que, depois de uma alocução em coreano, talvez dizendo "sejam bem-vindos, ilustres clientes etc...", começa a transmitir a solene Marcha Triunfal da ópera Aída, de Giuseppe Verdi. Participo então, como ator involuntário, de uma cena extraordinária. Em cada balcão, impecavelmente limpo e arrumado, um vendedor ou vendedora, todos jovens, usando luvas brancas, compenetrados, põe-se em posição de sentido. São centenas em toda a loja. À minha passagem, diante de seus balcões, cada um faz uma reverência oriental: curva-se, inclina a cabeça e depois me cumprimenta com um olhar ao mesmo tempo tímido e amistoso. Retribuo também com o olhar e continuo minha caminhada ao longo do corredor central do grande salão. Sinto-me um Faraó – Ramsés II ou Tutankhamon? Caminho firme, compassadamente e fito-os nos olhos, agradecendo os cumprimentos que recebo. Imagino que Ísis e Osíris aprovariam minha postura solene, ao som da grande marcha. O cerimonial prossegue ao longo de todo meu trajeto. Luvas brancas e cumprimentos orientais. Nota-se claramente que a todos esses funcionários foi ensinado que sou a pessoa mais importante do dia: sou o cliente e, nesse caso, o Primeiro Cliente.

Os últimos acordes dessa apoteose se perdem no saguão monumental. Os clientes começam a fazer suas compras. As luvas brancas das vendedoras ajudam agora a iluminar meigos sorrisos orientais. O solene deu lugar ao trabalho. O sistema de som transmite agora músicas leves que, sem ofender os ouvidos, estimulam as vendas. O Hermes dos gregos ou Mercúrio dos romanos, deus dos mercadores, substitui Osíris e passa a reinar na grande loja. Sigo meu caminho, agora despojado do cerimonial. Depois de sentir-me Faraó por alguns minutos, volto a ser um simples cliente. Mas, ainda assim, o primeiro cliente da Lotte, naquele dia de verão em Seul.

A estada na Coréia foi também gratificante pelo motivo que me levou a visitá-la: o Congresso Mundial de Meio Ambiente. Ali compareci na condição de convidado, pois fora agraciado com um prêmio que receberia, num almoço solene, das mãos de um laureado com o prêmio Nobel, o professor Yuan Tseh Lee. Nosso contato foi formal, dentro do que previa o protocolo, porém sua atitude de entregar-me, além do prêmio oficial, um presente pessoal que trouxera para mim de sua terra natal, tocou-me profundamente. A lição de modéstia e de sensibilidade pessoal que recebi nesse breve encontro mais do que justificava minhas longas horas de vôo até Seul.

Passados quatro anos, reencontrei o Prof. Lee, desta vez em Innsbruck, Áustria, em setembro de 2005, onde participávamos de um seminário sobre o desenvolvimento sustentável do planeta. Conversamos muito nessa ocasião. Ele contou-nos sua vida, de como desenvolveu seus estudos e como vê o futuro da humanidade. Caminhamos a pé pela cidade, a bela capital do Tirol austríaco, visitando museus e lugares históricos. Ao se despedir, simples e modesto como costumam ser as pessoas muito especiais, deixou-me com um "até breve, em algum lugar, num futuro não distante"...

22. As massagistas do templo

Tailândia, setembro de 2001

A Tailândia, reino do sudeste asiático, tem uma história muito peculiar. Nunca foi colônia, apesar da presença européia em todas as suas fronteiras desde o século XVIII. Talvez por estar localizada exatamente entre as esferas de influência britânica (Índia, Birmânia, Malásia) e francesa (a Indochina com seus vários estados), a Tailândia conseguiu manter intacta sua independência ao longo dos séculos, graças a sua habilidosa diplomacia. Mesmo a II Guerra Mundial a poupou, pois os japoneses, tecnicamente, não a invadiram como o fizeram nos países vizinhos, apenas a ocuparam para alcançar a Birmânia (país que atualmente se denomina Mianmar). De forma romanceada e que não é do agrado do governo local, a famosa peça teatral e filme *O Rei e eu* relata esse exercício de malabarismo político que permitiu à Tailândia manter-se ao largo das disputas coloniais.

Bangcoc, a capital do país, possui o maior e mais belo conjunto de templos que já visitei. Ouro, jade e pedras preciosas adornam as obras de uma arquitetura bela e bem acabada, que inclui os inúmeros palácios reais que ponteiam a cidade. O trânsito é caótico por um erro de planejamento urbano – o aterramento dos canais naturais que cortavam a cidade, para transformá-los em avenidas, que já não dão conta de tantos veículos. Para corrigir esse erro passaram a construir, nos anos recentes, maciças vias elevadas de aço e concreto, mas pelo menos preservaram o rio que corta toda a cidade, o Chao Phraya, pelo qual transitam milhares de embarcações. Dessas, tal como em Veneza, muitas são táxis ou ônibus aquáticos.

Ao visitar o conjunto de templos mais extenso, o Wat Po, identifico, numa edificação menor, uma placa que diz: "Escola de Massagem Tradicional Tailandesa". Aproximo-me por mera curiosidade e vejo uma cena impressionante: em dezenas de camas justapostas, sem cabeceiras, pessoas de todas as idades são cuidadas pelas massagistas-alunas – jovens, uniformizadas, com feições sérias de profissionais. Muito pesadas, como vim a descobrir pouco depois, essas "alunas" conseguem nos estalar todos os ossos. São dois preços para o atendimento individual:

com ou sem ervas nativas. Opto pelo atendimento mais completo e contrato meia hora de massagem com ervas. Dispo-me numa cabine semelhante a um provador de loja de roupas, visto uma espécie de tanga ou sarong fornecido à entrada e ocupo uma das camas. Na cama ao lado uma jovem francesa já está sendo supliciada por uma das alunas.

As sensações que sinto oscilam entre um processo de embalsamamento vivo e o martírio póstumo de Tiradentes, ao ser esquartejado. Primeiro submeto meu esqueleto a um teste de estalos. A massagista insiste em estalar todos os meus ossos, até cada um dos dedinhos dos pés. Falange, falanginha e falangeta, se bem me lembro dos nomes tradicionais, têm que estalar de forma audível, uma a uma. Não satisfeita, a rotunda estudante ajoelha-se, com todo o seu peso, em minhas costas para testar minha coluna, que resiste. Nas camas vizinhas, a mesma rotina atinge meus colegas de suplício. Após esse processo de tortura é a vez das ervas que, desprendendo um odor forte e até agradável, reconheço, são aplicadas às bordoadas, envoltas por sacos de pano similares a um coador de café e da mesma cor. Cheios de ervas cozidas, esses sacos úmidos, muito quentes, são violentamente aplicados em todo o corpo do "paciente" pelas alunas que atuam como verdadeiras boxeadoras. Sobrevivo a tudo e sou então convidado a me recompor. Visto-me, dou os primeiros passos imaginando-me já numa cadeira de rodas pelo resto da viagem. Mas – milagre! não sinto nada. As pernas estão intactas e todos os ossos permaneceram em seus lugares. Saio da escola lépido e feliz. Na entrada, novos pacientes aguardam sua vez. Mal sabem eles o que vão sofrer!...

Além de ser um povo simpático e sorridente, os tailandeses nos dão uma grande lição de patriotismo. Tanto quanto pude perceber, seus governantes reais são venerados por todos os cidadãos, independentemente de sua orientação política. As datas de aniversário do rei e da rainha são festas nacionais. Seria assim o Brasil, se tivéssemos ainda hoje uma monarquia? O respeito aos monarcas é visível nos palácios reais, que são visitados por grandes multidões, compostas em grande parte por crianças.

Pois foi num desses palácios que vivi outra experiência singular e onde, durante alguns instantes, senti-me como um grande ídolo esportivo! Como parte da educação escolar, pelo que pude entender, cada criança deve preparar um relatório sobre os estrangeiros com quem se encontrou nesses palácios. As perguntas, que respondo dezenas de vezes inquirido por meninas e meninos na faixa dos sete a dez anos, são sempre as mesmas: "Qual o meu nome? De onde venho? Estou gostando da Tailândia?" Esse questionário, aplicado em inglês por lindas vozes orientais, repete-se a cada passo. E é num imenso gramado no Palácio Real de Wimanmek que sou abordado por um grupo de meninos (espertos, eles faziam algo como um relatório coletivo, interrogando-me todos em conjunto, de uma só vez). Na primeira resposta me saio bem: todos registram, nos seus cadernos, *Cilo* (já estou acostumado a tal pronúncia por essas bandas). A segunda resposta não é bem entendida, até que pronuncio Brasil na feição local: *Burasiro*! E nesse momento um dos meninos, com raciocínio rápido, exclama entusiasmado: *Burasiro? Runaldo!* (todos eles conhecem, com minúcias, os nomes dos jogadores brasileiros de futebol). E começam então um coro: *Cilo! Runaldo! – Cilo! Runaldo!*...que repetem contínua e cadenciadamente como se fora um mantra. Ao ouvirem essa aclamação, crianças mais distantes começam a aproximar-se e também aderem ao coro. Quando me dou conta, vejo a toda volta, convergindo para mim, correndo pelo amplo gramado real, dezenas, centenas talvez, de crianças que me saúdam entoando o mesmo coro – *Cilo, Runaldo*. Alguns gritam também *Burasiro*!.. e aumentam ainda mais a aglomeração palaciana. Então um dos meus fãs mais ativos decide pedir-me um autógrafo! A coisa toma vulto e foge a meu controle quando uma multidão de crianças, agora também com suas professoras, insiste em receber autógrafos! Atendo a uns cem, quem sabe duzentos, mas para escapar ao cerco explico que o ônibus de turismo que me trouxe estava já de partida (na realidade eu viera de tuk-tuk, uma motoneta transformada em mini-táxi, para no máximo dois passageiros, que nos dá a sensação de estarmos percorrendo a cidade na garupa de um motoboy). É duro enfrentar tantos olharezinhos de decepção quando se parte sem conceder todos os autógrafos pedidos! Caminho rápido na direção dos ônibus estacionados fora dos jardins, sempre aclamado pelo grupo que me equipara a um grande astro. Já na rua, lanço ainda um adeus à multidão de fãs, que me aplaude. Senti-me um herói desportivo, por alguns momentos!

É fácil notar, pelo comportamento dessas crianças que percorrem os palácios em grupo, a ascendência que sobre elas exercem as professoras e a importância que se confere, na Tailândia, ao ensino e às escolas. Limpas, educadas, embora trajadas simplesmente, elas se inserem nos jardins reais, completando uma paisagem bem cuidada onde não faltam lagos, pássaros e, para minha surpresa, até pequenos jacarés.

Infelizmente o tempo de que dispunha não me permitiu percorrer outras partes da Tailândia, como sua bela costa no Oceano Índico, com a ilha de Phuket, e as regiões montanhosas do norte. Mas não poderia partir sem visitar uma de suas atrações mais curiosas: a ponte do Rio Kwai, construída por prisioneiros de guerra durante a ocupação japonesa. Perpetuada pelo filme e pela marcha militar do mesmo nome, para nossa surpresa a verdadeira ponte lá está, inteira, servindo até hoje como travessia ferroviária do rio que lhe dá o nome. A história verdadeira foi totalmente deturpada pelo filme, que a retrata como sendo feita de madeira e tendo sido destruída logo depois de terminada. A ponte real, com pilares feitos de excelente concreto, teve apenas dois de seus vãos metálicos bombardeados no final da guerra e logo a seguir reconstruídos. Atravessei-a duas vezes, a pé, imaginando todo o sofrimento que sua construção exigiu dos prisioneiros de guerra, na maioria ingleses e holandeses, além de alguns franceses e também norte-americanos. Um monumento, erigido recentemente pelos próprios japoneses, louva, de forma patética, o esforço daqueles que deram suas vidas pela construção da ponte. Os prisioneiros mortos estão enterrados em cemitérios próximos, verdes, bem mantidos, como um testemunho de anos de tensão já superados pelos sorridentes e amáveis tailandeses que me receberam de forma tão afável.

23. As torres gêmeas de Kuala Lumpur

Malásia, Sudeste Asiático, setembro de 2001

A principal cidade da Malásia, sua capital Kuala Lumpur, moderna e arrojada em suas edificações, oferece ao viajante todo conforto imaginável, começando por seu moderníssimo aeroporto. Uma das vitrines da nova Ásia, vibrante e tecnologicamente avançada, a Malásia é um reino bastante original: o rei é eleito, por período fixo, escolhido entre os sultões que governam as várias regiões do país que, além da Península Malaia, também inclui parte da Ilha de Bornéu. De clima tropical e população em sua maioria de fé muçulmana, a Malásia foi colonizada, no século XVI, pelos portugueses que ali se estabeleceram no Estreito de Málaca, controlando o acesso dos navegadores europeus que, através de suas águas, buscavam atingir o Extremo Oriente. Dizia-se então que "quem controla Málaca tem as garras na garganta de Veneza", para justificar a importância estratégica e comercial do estreito de mar que tem aquele nome.

Em uma incursão ao interior do país, percorro uma moderníssima auto-estrada margeada por plantações de palmeiras das quais se extrai o óleo de dendê, que junto com as seringueiras constituem as duas principais culturas agrícolas na região. Chego à cidade de Málaca, que na língua local, o malaio, chama-se Melakka. Fico surpreso ao encontrar ali, ainda falada depois de quase cinco séculos de isolamento e abandono, nossa língua portuguesa. Na rua "d'Albuquerque", defronte ao "Restauran de Lisbon", conheço Miguel "de" Silva, velho habitante do lugar, que, de bicicleta, percorria a orla do mar. Surpreende-se ele pelo fato de eu falar a "sua" língua. Trocamos algumas frases e fico sabendo que a população local havia comemorado, recentemente, a "Festa San Juang (São João) & Festa San Pedro". Na porta de uma escola, junto-me a um grupo de crianças que rodeavam uma idosa vendedora ambulante e também compro uma das iguarias locais: jaca empanada servida num espetinho de bambu. A *chakka*, como é chamada em malaio, é uma das frutas mais apreciadas na região. Raízes portuguesas estão presentes em muitas palavras da língua malaia – *Sekolah* (escola) e *Gereja* (igreja) chamaram-me a atenção para esse curioso fenômeno da inversão das duas primeiras letras de suas primeiras sílabas.

Mas a influência portuguesa não se faz presente só no idioma. No alto de uma colina, próxima da Porta "A Famosa" (este é seu nome, ainda hoje), erigida em 1511, encontro as ruínas de uma igreja construída em 1521, por ordem do navegador Duarte Coelho, originalmente consagrada a N.S. do Outeiro e rebatizada, pelos holandeses que chegaram bem depois, como Igreja de São Paulo. Ali esteve enterrado, durante nove meses, em 1553, o corpo de São Francisco Xavier, antes de ser trasladado para Goa, na Índia, onde é até hoje cultuado.

Em Kuala Lumpur, hospedo-me no Hotel Mutiara, onde outras interessantes surpresas me aguardam. Janto sozinho no restaurante do hotel, no trigésimo andar, com capacidade para, pelo menos, cem pessoas. A crise econômica irrompida em anos recentes e que ainda afeta os países do Sudeste Asiático atingiu também os hotéis e o Mutiara não constitui exceção. Para promover o uso de seu restaurante, um Festival Gastronômico estava tendo início naquele dia, com comidas típicas malaias. Decido-me a prová-las e logo descubro que são muito especiais: uma sopa apimentada, carne de pombo servida numa casca de coco e sobremesas feitas com frutas típicas do país compunham o menu festivo daquela noite. Por falta de outros clientes para atender, o *maitre* e três garçons me rodeiam permanentemente e, em dado momento, convocam o *chef* da cozinha para me descrever, com mais detalhes, toda a riqueza da gastronomia local. Chef Henry Ong, malaio formado em gastronomia na Suíça, é pródigo em explicações sobre sua arte. Enquanto exercito o paladar com exóticos temperos, um quarteto, composto de flauta, violino, clarinete e violoncelo, anima esse jantar inusitado em que sou eu o único a comer, com todos a me servir. E nova surpresa vem quando, um pouco desafinado, o quarteto executa uma peça de autor brasileiro, nessas lonjuras asiáticas. Emociono-me com o que acredito ser uma homenagem. Dirijo-me aos músicos para saber o nome do autor que não identifico – Nazareth? Mignone? – mas na partitura consta apenas *Tocata*, sem o nome do compositor. O flautista me esclarece que é um autor sul-americano, mas não sabe seu nome. Tenho essa música na memória até hoje, à espera de um dia tornar a ouvi-la, dessa vez com a indicação de seu autor. Retorno à minha mesa, enquanto o quarteto executa, pela segunda vez, a mesma peça. Lembro-me então do *Play it again, Sam*, da famosa cena de *Casablanca*, com Humphrey Bogart, mas faz-me falta uma Ingrid Bergman para que a cena seja mais real. Termino o jantar, sempre rodeado por meu séquito de serviçais. Levanto-me para sair e, como homenagem especial, por saberem agora que sou brasileiro, o quarteto executa singelamente... *Adiós Muchacho*!

Acordo cedo, com o nascer do sol que penetra no quarto (esse é um hábito que conservo em qualquer terra aonde chego, para adaptar-me logo ao fuso horário local), e após um saudável desjejum parto para uma visita, quase obrigatória nessa cidade, às torres gêmeas da Petronas, o edifício sede da empresa petrolífera malaia. Essas duas torres idênticas eram, em 2001, os edifícios mais altos do mundo e a fila de visitantes começa a formar-se muito cedo. Travo conhecimento com dois engenheiros aeronáuticos de Cingapura, meus vizinhos de fila. À sombra dos dois grandes prédios, passamos o tempo de espera na fila falando sobre os diversos tipos de aeronaves comerciais, suas capacidades e pesos quando carregadas, sistemas de controle de vôo e outros detalhes técnicos. Os dois engenheiros, que atuam no setor de manutenção de uma companhia aérea, respondem pacientemente a todas as minhas perguntas, curioso que sou sobre temas de aviação. Chega então nossa vez de subir nos rápidos elevadores que servem as duas torres. Os visitantes têm acesso somente até a Skybridge, ponte metálica que une, à meia-altura, as duas edificações gigantes. De lá se avista toda a cidade, suas mesquitas, palácios e algumas edificações históricas deixadas pelos últimos colonizadores, os britânicos, que partiram em 1957. Terminada a visita às torres gêmeas, despeço-me dos colegas engenheiros e prossigo em meu passeio pela cidade.

Meu último dia em Kuala Lumpur é dedicado a visitar algumas grandes construções locais, exemplos da pujança econômica de um país que, no seu planejamento oficial de longo prazo, pretende estar equiparado aos mais ricos do mundo dentro de 20 anos. Próximo às torres gêmeas vejo passar um grande helicóptero militar. Um pensamento maligno me faz tentar imaginar o que aconteceria se ele se chocasse com a edificação. Seria capaz de derrubá-la? Penso em seguida em coisas mais alegres, como a visita que acabara de fazer à grande Menara da televisão local (*menara* em malaio significa torre, com a mesma origem da nossa palavra minarete). Sinto-me cansado nesse tórrido clima tropical – estamos na mesma latitude de São Luís do Maranhão – e decido regressar de táxi ao hotel. O percurso não é maior que 400 metros e o motorista explica-me que, para vencer essa distância, terá que dar várias voltas em quarteirões, devido às mãos de direção que terá que obedecer. Dá essas explicações e insiste duas vezes, para que eu não pense que está tentando aumentar o preço da corrida – quer ficar em paz com sua consciência. Digo-lhe que está bem mesmo assim. Para entreter conversa pergunta-me então de onde venho e, ao saber que sou brasileiro, começa a desfiar a formação do time que, a seu ver, deveríamos levar para a próxima Copa do Mundo, na Coréia. Os malaios e, especialmente, seus motoristas de táxi, são fanáticos torcedores do Brasil!

Chego ao hotel e aproveito o final de tarde para pôr em dia minhas anotações de viagem. No calendário vejo que a data é 11 de setembro, uma terça-feira. Começa a anoitecer em Kuala Lumpur. Da janela vejo as imensas torres gêmeas se iluminarem gradativamente. Ligo a TV para saber das últimas notícias. Dispenso as estações locais, que transmitem somente em malaio, e sintonizo a CNN, em inglês. Uma entrevista que estava sendo realizada – não consigo recordar-me do assunto – é logo interrompida para dar lugar a uma notícia ao vivo: um avião, provavelmente pequeno segundo o apresentador, teria se chocado com uma das torres gêmeas de Nova York. Teria perdido o rumo? Era o mais provável, afirma confiante o locutor, que passa a discorrer sobre uma possível falha no sistema de orientação de vôo da cidade. A noite avança em Kuala Lumpur e as notícias do outro lado do mundo, ainda de manhã, se sucedem vertiginosamente. Somente descolo os olhos da TV para, de quando em vez, observar pela janela as torres gêmeas vizinhas ao meu hotel, bem mais altas do que aquelas que agora estavam em chamas e ruíam. Só consigo dormir tarde da noite, na convicção de que naquele dia a história da humanidade havia sofrido uma brusca guinada em sua trajetória. Na manhã seguinte parto bem cedo para Cingapura, num vôo tranqüilo, ainda feito sem os rigorosos controles de embarque que passaram a ser rotina, em todo o mundo, desde então. Mas ao chegar a meu destino, os jornais já noticiavam que as torres gêmeas de Kuala Lumpur, que eu deixara para trás, haviam sido evacuadas, por temor de atentados.

24. No país do tio Ho

Vietnã, Sudeste Asiático, setembro de 2001

Quatro dias após o atentado de 11 de setembro contra as torres gêmeas de Nova York, embarco em Cingapura num avião que me levará à cidade de Ho Chi Minh, nome oficial de Saigon, a antiga capital francesa da Indochina. Meu vizinho de poltrona é um diplomata vietnamita que serve na Europa, com quem faço os primeiros contatos com o idioma do país. Ele explica-me que sua língua é aparentada com o chinês, mas utiliza um alfabeto latino modificado, introduzido pelos missionários jesuítas portugueses no século XVII. Sua escrita requer dez tipos diferentes de acentos e algumas palavras se escrevem com mais de cinco acentos, podendo ter, para exprimir certos sons e entonações, até dois acentos em uma mesma letra! A bonita chefe de cabine da Vietnam Airlines anuncia o almoço e, com um "bom apetite" eu e meu companheiro diplomata mudamos de assunto e passamos, com prazer, da lingüística para a gastronomia. No almoço de bordo servem-nos caranguejo com macarrão e no mesmo dia janto camarão cozido no molho de tamarindo, confirmando assim estar num país de culinária criativa e refinada.

Hospedo-me no Grand Hotel de Saigon, um dos melhores da cidade nos tempos coloniais, localizado em pleno centro antigo. Nas horas livres, quando não estou na rua, delicio-me com a leitura do romance *O Americano Tranqüilo*, de Graham Greene, ambientado no Vietnã da década de 1950 e escrito pelo autor inglês quando de sua passagem por Saigon. O ambiente descrito nesse romance parece-me haver mudado muito, a começar pelo número de automóveis nas ruas – os Citroën e Peugeot de então cederam lugar a, literalmente, milhões de motonetas chinesas e japonesas que disputam, aos centímetros, espaço nas mesmas ruas coloniais de então. Os poucos automóveis que circulam e a industrialização da cidade, ainda tênue, contribuem para manter a poluição do ar em níveis toleráveis, muito embora o saneamento básico seja muito deficiente em suas áreas periféricas.

Uma viagem pelo Delta do Mekong, o grande rio do país, para conhecer alguns de seus braços e visitar aldeias construídas em ilhas fluviais, dá bem uma idéia do que foram as guerras nessas paragens durante a segunda metade do século XX – primeiro contra as tropas coloniais francesas e, logo a seguir, contrapondo os vietcongues do norte e os norte-americanos. O delta é uma região alagadiça e úmida, na qual circulam milhares de pequenas embarcações. Navegamos por autênticos igarapés e alimentamo-nos de frutas: jaca, fruta-do-dragão, olho-de-boi, sabotí (*sic*), todas elas polpudas, saborosas, servidas com grande fartura. Oferecem-me também, como lembrança, uma garrafa de vinho de... cobra (no interior de cada garrafa há uma cobra conservada no álcool). Agradeço, mas não aceito o gentil presente e me livro de carregá-lo na bagagem, pois mesmo que bebesse o vinho (arghhh!) não teria o que fazer depois com a cobra..

A natureza vietnamita é pródiga em flores, mas não se vêem muitos pássaros. Serão caçados? Ou foram dizimados pelos anos contínuos de guerras na região? As poucas estradas que cortam o país, ainda precárias apesar do progresso material que se vê por toda parte, estão saturadas por veículos de todos os tamanhos, dirigidos por loucos no volante. Em dado momento nosso motorista realizou uma contramão tripla, ao ultrapassar, na contramão, dois carros emparelhados que já estavam na contramão com um caminhão. Sobrevivemos todos e meu guia e eu fomos, a seguir, visitar locais menos perigosos – os túneis onde se escondiam, durante o dia, os guerrilheiros vietcongues que à noite, durante a guerra, assumiam o controle de toda a região. Os vietcongues (*Viêt-công* na escrita local) eram guerrilheiros comunistas que lutavam contra o governo do Vietnã do Sul apoiado pelos norte-americanos. O sistema subterrâneo de circulação e abrigo dos guerrilheiros nesses túneis, escavados em torno de Cu Chi, lugarejo situado também no delta, alcança uma extensão de 250 km meticulosamente planejados. Essa malha subterrânea é dotada, em seu interior, de salas para reuniões, depósitos de armamentos e até de um hospital de campanha, com enfermarias e sala de cirurgia! Aproveito essa visita para praticar minha pontaria, atirando com um fuzil Kalashnikov russo, o famoso AK47 utilizado por guerrilheiros de todo o mundo. Acerto várias vezes num alvo fixo a 100 metros de distância. Meus anfitriões me felicitam, porém olham-me desconfiados – não sabem que servi na infantaria em meu país.

Saigon mantém seu charme de metrópole, apesar de ter deixado de ser capital depois de ocupada pelos vietcongues que, em 1975, unificaram o país, antes dividido em Vietnã do Norte, capital Hanói, e Vietnã do Sul, capital Saigon. Entretanto alguns costumes dos tempos coloniais ainda subsistem. As jovens estudantes ginasianas usam, até hoje, uma impecável blusa branca, que faz lembrar as normalistas do Rio de Janeiro dos anos 1950. A ópera (uma miniatura da de Paris), os edifícios oficiais e o antigo palácio presidencial do então Vietnã do Sul impressionam. Saigon é razoavelmente limpa, com uma população na qual predominam os jovens, todos de porte minúsculo – um vietnamita médio não deve pesar mais do que 40 quilogramas. As livrarias vivem apinhadas e, como sinal dos tempos, na calçada da antiga embaixada norte-americana (hoje apenas um consulado) uma longa fila de candidatos, na maioria jovens, aguarda por vistos de imigração para aquele país.

Deixo Saigon, no extremo sul, e em menos de duas horas de vôo estou em Hanói, no norte. O Vietnã já ocupa a posição de um dos maiores produtores mundiais de café e é hoje o maior exportador mundial de arroz. Em Hanói visito o mausoléu de Ho Chi Minh, mentor da guerra de libertação contra os franceses, embalsamado tal qual Mao Zedong em Beijing e Lenin em Moscou. Penso que o trabalho de mumificação aqui foi melhor do que o de seus dois colegas, que eu já visitara: semblante tranqüilo, cabelos ralos e cavanhaque, brancos. Ao lado do mausoléu a casa que habitou após a partida dos franceses, com sua biblioteca e uma modesta sala de jantar (após a independência ele recusou-se a mudar para o palácio anteriormente ocupado pelo governador francês). Chamam-no carinhosamente de *Bac Ho* (tio Ho). Passou, muitos não sabem, pelo Rio de Janeiro, trabalhando como cozinheiro de bordo em um navio mercante, no início do século XX.

Meu guia em Hanói, um jovem economista bastante culto que, confessa, pretende emigrar para os Estados Unidos, leva-me a visitar museus militares e um centro de trabalho humanitário para crianças surdo-mudas ou deformadas que, me explicou, são vítimas da contaminação de seus pais pelo tristemente famoso "agente laranja". Esse produto químico, altamente tóxico, era lançado por aviões norte-americanos, durante a guerra, com o objetivo de desfolhar as matas nas quais se escondiam, de dia, os guerrilheiros que à noite agiam. Afirma-se que o meio ambiente nessas regiões ainda está contaminado, com reflexos sobre a população que ali habita.

Mas deixemos as guerras e vivamos a beleza de uma das maravilhas do mundo, classificada pela Unesco como um Patrimônio Natural da Humanidade, a Baía de Ha Long. Sou o único passageiro em um barco do tipo junco chinês que poderia levar uns 50 viajantes. Minha comitiva? Um guia poliglota, um cozinheiro, dois garçons, o barqueiro e sua família. Estamos próximos à fronteira com a China, no Golfo de Bac Ho e não longe do porto de Hai Phong. Navegamos durante horas entre ilhotas, na maioria intocadas pelo homem, com formas exóticas e de costas escarpadas, que afloram de um mar espelhado. Constituídas por rocha calcária e recobertas por matas nativas, essas pequenas ilhas abrigam grutas e cavernas incontáveis. De quando em vez avistamos uma canoa primitiva, com pescadores. O céu límpido e o mar sereno, verde-azulado, fazem cenário para um almoço principesco ao qual não faltam todos os frutos do mar dessa região impressionantemente bela e tranqüila, onde finalmente reina a paz. Foi um dia para relembrar.

De regresso a Hanói, alugo um táxi-triciclo a pedal para conhecer a cidade velha. Durante duas horas circulamos por um emaranhado de vielas com lojas de tudo que possa ser vendido, num verdadeiro pandemônio. Porém as melhores "lojas" estão instaladas sobre bicicletas comuns! Vi bicicletas-restaurante, bicicletas-livraria, bicicletas-loja-de-porcelana! Dotadas de porta-bagagens generosos sobre sua roda traseira, essas bicicletas atendem também a domicílio. Todas circulam numa ordem caótica que faz lembrar o movimento browniano das moléculas, estudado na física. Somente por milagre, creio, não se abalroam. Porém nada excedeu, nesse périplo fantástico pela economia-informal-socialista que pude conhecer por dentro, a bicicleta-aquário, cuja ciclista, uma simpática jovem, vendia peixes ainda vivos, que nadavam, ao sabor dos solavancos, em um grande aquário de vidro montado sobre a roda traseira de sua bicicleta!

Interessante país é o Vietnã. Após décadas de guerras coloniais, seus habitantes recebem a todos os seus antigos ocupantes, europeus, japoneses, americanos, com um largo sorriso. Uma religião local – o Caodaísmo – venera como santos, em seus altares, Buda, Confúcio, Cristo, Maomé e... Victor Hugo. Não consegui explicação para essa santificação do grande escritor francês. O fundador da seita terá, talvez, querido prestar uma homenagem ao colonizador de então, mas evitou, prudentemente, incluir Napoleão como um de seus profetas?

De surpresa em surpresa, já passara mais de uma semana nesse país até bem pouco tempo marcado por tragédias. Selando um convívio que nos levara a tantos lugares pitorescos, ousei então perguntar a meu guia, no dia da partida, como os vietnamitas fazem para superar seus traumas de guerra com os estrangeiros, que certamente existem. Depois de meditar sobre essa pergunta que não esperava, deu-me a seguinte resposta: "Se vierem em paz e trouxerem bons negócios, por que remexer no passado?" Mas não conseguiu explicar-me como um governo oficialmente ateu permite que os sinos da catedral católica de Hanói toquem, todos os dias, precisamente às cinco horas da manhã, chamando os fiéis para a missa, mas acordando, ao mesmo tempo, os turistas que querem dormir um pouco mais.

América do Norte

25. Em busca de ursos polares

Norte do Canadá, outubro de 1998

Estávamos completando uma semana de visitas a instituições de ensino dedicadas à educação ambiental, sob os auspícios da magnífica Universidade de Quebec em Montreal, na região francófona desse país a um só tempo gélido e acolhedor. Tínhamos como objetivo estudar a criação de centros congêneres no Brasil, utilizando a experiência acumulada pelos canadenses, reconhecidos internacionalmente pelo seu compromisso com a qualidade de vida e a proteção do meio ambiente.

Encerrada nossa missão e antes de voltar para casa, todavia, decidi dedicar alguns dias a visitar o Ártico Canadense, que sempre me fascinara através dos filmes de aventura e documentários fotográficos de expedições polares. De Winnipeg, a bonita e moderna capital da província de Manitoba, parte, três vezes por semana, o Hudson Bay, trem de passageiros em tudo semelhante ao saudoso Santa Cruz, da Estrada de Ferro Central do Brasil, que ligou Rio de Janeiro e São Paulo durante várias décadas. O Hudson Bay percorre exatos 1.697 km até Churchill, cidade-porto na baía de Hudson. Devido ao clima inóspito, esse porto fica livre do gelo, durante o verão ártico, por apenas três meses, mas por ele são embarcadas, nesse curto período de tempo, milhares de toneladas de cereais cultivados nas grandes pradarias canadenses.

Meus companheiros nessa longa viagem? Um grupo curioso e bastante díspar: um professor de ecologia da Universidade de Dresden, na Alemanha; um especulador da Bolsa de Nova York (de rádio portátil constantemente ao ouvido); uma japonesinha de Kyoto; um ferroviário aposentado, matando saudades do "seu" trem. Além desses viajantes em busca de aventura, uns poucos moradores da região – indígenas e esquimós – rumam a suas comunidades, às margens da ferrovia, alguns levando consigo seus cães de puxar trenós. São duas noites e um dia de viagem. Tundra, taiga, florestas boreais são os três ecossistemas dominantes numa imensa planície gelada e deserta, de solo instável e movediço, sobre o qual se construiu a ferrovia, em linha reta, rumo ao norte. De quando em vez vê-se, ao longe, uma raposa ou um lobo solitário. Ao longo da via vêem-se apenas velhos postes telegráficos, na sua grande maioria fora do prumo e muitos tombados, pois não são mais utilizados – as comunicações via rádio os dispensaram há muitos anos. Chegamos finalmente a Churchill, ponto terminal dessa estrada, ao amanhecer. Muita neve, vento, temperatura abaixo de zero. Ruas desertas, casario simples de madeira, pintado de cores vivas para enganar o frio.

Ainda na estação ferroviária contratamos um experiente guia local, botânico, conhecedor da natureza ártica e dos animais nativos. Bem armado com um rifle, protege-nos dos ursos polares que todos justamente desejávamos encontrar. Partimos em um ônibus escolar – daqueles amarelos que aparecem nos filmes –, que, aos solavancos, por estradas primitivas, leva-nos ainda mais para o norte. Logo estávamos enregelados, na mata rala e raquítica, com neve até os joelhos, procurando ursos. Achamos apenas uma cabana abandonada, provavelmente deixada por um caçador solitário (teria ele sido devorado?). De urso, entretanto, nem amostra. Mas o guia, previdente, leva-nos para ver algumas armadilhas feitas para pegá-los quando tentam invadir a cidade em busca de comida. Esses ursos não acreditam em coleta seletiva, pois adoram fuçar e derramar latões de lixo nos quintais das residências. E, se não encontram lixo para comer, também serve um morador distraído... Por isso a cidade é patrulhada, de forma permanente, por uma "Brigada contra Ursos", composta por policiais de certeira pontaria.

A fome aperta. A carne de urso é proibida – transmite triquinose. O grupo de viajantes, por indicação do guia, adentra um restaurante que serve um apetitoso guisado de caribu. É o equivalente local das renas européias – aquelas que puxam o trenó do Papai Noel. Depois de um lauto almoço, para fazer a digestão, percorremos a pé o centro da cidade e visitamos o Museu Esquimó, criado por missionários católicos. Um desses missionários, ao saber que venho do Brasil, pergunta-me se já estivera com meu patrício, dono do principal (e, creio, único...) hotel do lugarejo. Vou procurá-lo no Seaport Hotel mas meu "compatriota" era na realidade um português, que tinha morado vários anos em São Paulo – na Vila Maria – e ainda possui duas padarias no Brasil. Está em Churchill há vinte anos. Veio de férias, gostou e resolveu ficar! Ora, pois!

Anoitece e confirmamos que o mesmo trem que nos trouxe, depois de reabastecido, deverá partir à noite, de regresso ao sul, às dez horas em ponto. A lua cheia ilumina estranhos seres que percorrem as ruas. Bruxas, druidas, figuras fantasmagóricas circulam alegremente. São crianças fantasiadas e dou-me conta, então, de que é Halloween, a noite das bruxas. Em cada esquina, membros da patrulha antiursos asseguram a integridade dos duendes e feiticeiras infantis. Contaram-me esses patrulheiros que, faz alguns anos, um urso devorou, em plena praça principal de Churchill, um bêbado errante. Nosso trem parte finalmente, sem que apareça nenhum urso. Das janelas do último vagão o professor alemão ainda tenta, em vão, ver a aurora boreal – fenômeno eletromagnético que ilumina os céus árticos no inverno, com feixes de cores variadas. Nem isso vimos. Frustrados, todos dormem, acomodando-se o melhor possível para o longo percurso de volta.

Aproveito essa longa viagem de volta do ártico para ler, de Rachel Carson, *Silent Spring* – Primavera Silenciosa –, livro que foi um dos primeiros grandes brados contra a poluição ambiental. Publicado em 1962, esse livro chamou a atenção, pela primeira vez, para os efeitos nocivos provocados sobre a fauna – e por extensão aos seres humanos – pelos compostos químicos designados como Poluentes Orgânicos Persistentes (POPs), entre os quais se incluem o DDT e vários outros pesticidas. Um desses compostos, o PCB (sigla em inglês de um óleo sintético muito utilizado até recentemente em equipamentos elétricos), já foi detectado até no organismo dos ursos polares e suspeita-se que seja o agente causador de inúmeros casos recentes de hermafroditismo constatados nesses animais selvagens. Somente em 2001 foi aprovada em Estocolmo uma convenção internacional que bane em definitivo o uso dessas substâncias altamente tóxicas, cujos efeitos danosos sobre a natureza e a saúde humana já foram sobejamente comprovados.

Depois de dois longos dias de viagem, desembarcamos frustrados na estação de Winnipeg. Decido então que não regressarei sem ver os ursos polares – é, agora, uma questão de princípios! Na porta do hotel no qual me hospedo chamo um táxi e peço ao motorista para me levar ao Jardim Zoológico. Em um inglês com sotaque escandinavo, ele explica-me que emigrou da Suécia há mais de trinta anos e até hoje os canadenses lhe perguntam se é verdade que na Suécia existem ursos soltos, vagando pelas ruas. Prefiro não lhe dizer o que estou indo fazer no Zoológico. Desço do táxi, pago, agradeço e sigo direto a seta *Polar Bears* – Ursos Polares. Alguns belos espécimes, alvos e rotundos, nadam no amplo espaço que reproduz seu habitat ártico. Consola-me vê-los afinal. Mas olhando discretamente em volta, vejo outros visitantes que também se deliciam acompanhando as piruetas que os ursos fazem e reconheço, entre eles, alguns companheiros de viagem que chegaram, comigo, no mesmo trem vindo de Churchill. Estávamos todos, enfim, recompensados pela longa busca que fizéramos aos ursos.

26. Outono no Alaska

Alaska, setembro de 2000

Chego ao Alaska a bordo de um *ferry-boat* do governo estadual, o Matanuska. Já vetusto e um pouco antiquado, construído em 1963, ele percorre lentamente – a menos de 30 km por hora – a Marine Highway. Trata-se de uma hidrovia natural com mais de 1.500 km de extensão que, partindo do sul, na fronteira com o Canadá, acompanha, por águas protegidas, a costa alasquiana até o porto de Skagway. A bordo do Matanuska conheço tipos interessantes. Mike, com seus 70 anos, está indo pescar salmões com um filho. Reside no meio-oeste americano, é químico, psicólogo, católico e maçom. Numa personalidade tão eclética descubro ainda outro atributo, o de ser um filósofo. Ao saber que minha atividade profissional tem que ver com o estudo do meio ambiente e a proteção da natureza, Mike me felicita e explica, com uma pitada de inveja: quem cuida do meio ambiente tem uma grande vantagem sobre as demais pessoas, pois ao viajar a passeio está aprendendo e aprimorando seu ofício e, em contrapartida, quando trabalha em contato com a natureza, não estará também passeando e divertindo-se? Confesso que, graças ao Mike, essa abordagem tem desde então aumentado minha motivação em tudo que faço profissionalmente, pois, de acordo com sua lógica, estou sempre me divertindo. Outro conhecimento que enriqueceu essa viagem foi Marvin, cozinheiro de bordo do Matanuska. De etnia aleúte – pois é natural das Ilhas Aleutas –, para minha surpresa Marvin dispõe de muitas informações sobre o Brasil, pois lê muito, disse-me com satisfação. Está a par do nosso clima tropical, da miscigenação racial e da nossa música popular. Casado com uma índia da etnia tinglit, Marvin tem duas filhas e vai deixar-nos na próxima escala, na aldeia onde mora com a família. Encontro também Candice, uma bela nutricionista que mora em Redmond – a cidade do Bill Gates, explicou-me –, e que discorre muito animadamente, durante todo um jantar, sobre as vantagens de uma alimentação natural e mais correta. Diz-me tudo isso em pleno país da *fast-food*, enquanto nas mesas vizinhas nossos companheiros de viagem devoram seus hambúrgueres acompanhados com grandes sacos de oleosas batatas fritas.

A viagem prossegue por dois dias e duas noites, aportando-se de quando em vez em pequenas vilas costeiras, enfeitadas com totens de cedro pintados de cores berrantes, habitadas principalmente por indígenas da tribo dos tinglit, que vivem da pesca ainda abundante em toda a região. A fauna avistada ao longo do percurso marítimo é fabulosa: baleias orcas, focas, uma mamãe ursa caminhando com seu filhote em uma praia rochosa e muitas águias. As águias de cabeça branca são especialmente admiradas, pois, além de serem o símbolo nacional dos Estados Unidos, foram recentemente salvas da extinção pela revogação de uma lei de 1917 que concedia uma recompensa a todo aquele que trouxesse uma águia morta, sob a alegação de que as mesmas, na busca por alimento, competiam com os pescadores e os caçadores! De uma população estimada em 50.000 casais quando o Alaska era ainda colonizado pelos russos, chegaram à beira da extinção nos anos 1960, com menos de 500 casais. No ano 2000 estimou-se em 6.000 casais sua população, em plena recuperação depois que foi revogada a malfadada lei.

A flora que avistamos ao longo da costa já se prepara para o inverno. Com exceção das coníferas, que permanecerão verdes, os plátanos e outras espécies folhudas se apresentam em sua roupagem outonal, variando do alaranjado ao amarelo e do vermelho ao dourado, numa maravilhosa profusão de tons que contrastam com o azul do céu e o branco das geleiras que encimam as ramificações mais ao norte das Montanhas Rochosas.

Do porto final dessa hidrovia, na cidadezinha de Skagway, partiam, por terra, os aventureiros da corrida do ouro que atraiu forasteiros de todo o mundo nos últimos anos do século XIX e foi tão bem retratada por Charles Chaplin em seu filme famoso. Faço o mesmo percurso, por trem de bitola estreita, numa arrojada linha que lembra nossa ferrovia de Curitiba a Paranaguá, no Paraná. Estamos agora no Canadá, no território do Yukon, famoso não apenas pelo ouro (que dizem ainda ter muito), como pela Alaska Highway, estrada de rodagem que liga o Alaska aos outros 48 estados norte-americanos dos quais fica separado pelo Canadá. Aberta pelo exército americano, num prazo recorde de apenas nove meses, em 1942, logo após o ataque japonês a Pearl Harbor, a rodovia do Alaska é uma proeza de engenharia por ter sido construída sobre solo congelado, cruzando florestas até então intocadas pelo homem. Viajamos mais de 1.000 km em um confortável ônibus, conduzido por Ken Miller, motorista que já beira seus 70 anos e nos avisa ser essa sua última viagem do ano, pois essa linha de ônibus regular é suspensa no inverno que já se aproxima. Ken é um piadista e ótimo guia também. Pára o ônibus para que fotografemos os animais – especialmente alces e cabritos selvagens – nessa viagem que ele chama de *our trip to nowhere* – nossa viagem para lugar nenhum. Apesar de sermos, todos a bordo, classificados como viajantes independentes – termo que se contrapõe aos que participam de excursões em grupo – acabamos por constituir também um grupo (ou anti-grupo?) de amigos de distintas procedências. Nessa comunidade criada *ad hoc* se destacam: um casal de ucranianos, sempre calados, a chinesa de Taiwan que lê freneticamente um romance sem sequer interromper sua leitura para olhar as paisagens, o indígena que vai visitar a mãe em Fairbanks e um brasileiro, viajante compulsivo. Chegando a Fairbanks, ponto final do ônibus, nosso anti-grupo se dispersa, tomando cada um o seu destino.

No meu caso, entretanto, uma viagem ao Alaska não poderia estar completa sem uma visita a uma aldeia de esquimós. E, para encontrar aqueles mais autênticos, menos afetados pela modernidade, voamos durante uma hora e meia até o extremo norte do estado, até uma cidadezinha chamada Barrow, que é precisamente o ponto mais setentrional do continente americano, pois mais ao norte somente existem as ilhas árticas do Canadá. Barrow fica a menos de 2.000 km do Pólo Norte, entre os mares de Chuckchi e Beaufort, e sua população é constituída quase que exclusivamente por esquimós e... por uma brasileira! Encontrei-a caminhando com dois filhos, envoltos em mil peles, na rua principal. Explicou-me ser carioca e que, ao visitar a região como fotógrafa, decidiu ficar, trocando a Gávea, no Rio, por Barrow, no Alaska, onde a temperatura média no inverno chega a menos 50°C (mas no verão pode chegar a +30°C!).

Em Barrow um pequeno grupo de viajantes independentes foi recebido já no aeroporto por Barna, nosso guia esquimó, com um *paglagivsi*!, expressão que quer dizer "sejam bem-vindos", na língua local. Ele estava ainda muito eufórico por ter conduzido, na semana anterior, na mesma viagem que fazíamos agora, o ator Arnold Schwarzenegger com sua esposa e os quatro filhos. Entretanto, a personagem marcante desse novo anti-grupo de viajantes era outra – não registrei seu nome, mas a chamarei Alice –, uma senhora de 93 anos.

Nosso grupo era pequeno, composto na maioria de pessoas jovens, mas era Alice que fazia as perguntas e as observações mais interessantes. Encantou-se com os cães de puxar trenós, queria saber o nome de todas as aves que cruzavam nosso caminho, maravilhou-se ao ver uma raposa branca e cativou-nos a todos com seus comentários. Num certo momento, Alice manifestou desejo de ver o hospital da aldeia esquimó. Graças à solicitude de Barna, defrontamo-nos logo a seguir com um magnífico prédio (os esquimós são muito ricos, pois recebem rendimentos do petróleo produzido em suas terras) e Alice explicou o motivo de seu interesse: em 1928, fora convidada para gerir o hospital local – então uma simples cabana, disse –, mas preferiu, em troca, ir ser missionária na Índia, de onde acabara de regressar. Seu vigor no caminhar se foi – tem que se apoiar permanentemente na dama de companhia que a trouxe –, mas sua lucidez era melhor do que a de todos os demais, especialmente a do casal de irlandeses que comparavam tudo que viam com sua terra natal.

De regresso ao sul, tomo um trem da Alaska Railroad, em Fairbanks, e chego a Anchorage, a maior cidade do estado. Numa excursão de barco visito algumas geleiras e, próximo do local do grande acidente com o navio-tanque Exxon Valdez, comprovo que a natureza local está, felizmente, em grande parte recomposta. Esse acidente é um dos marcos na luta contra a destruição do meio ambiente marinho e ocorreu nas águas fechadas de um estreito, onde foram derramadas 40.000 toneladas de petróleo, na noite da Sexta-Feira Santa de 1989. Milhares de voluntários acudiram ao local e, num grande mutirão, lutaram durante semanas para salvar aves e limpar as praias do óleo pegajoso que as cobria.

Anchorage é uma cidade moderna, já totalmente refeita do violento terremoto que a destruiu completamente, também numa sexta-feira santa, em 1964. Numa esquina deparo com um quiosque onde uma coreana serve cachorros-quentes feitos com lingüiça de caribu, a rena local. Em outra esquina sou abordado por David, um esquimó em estado de embriaguez, vício que aflige a muitos no seu povo. Pede-me dinheiro, o que me leva, num ímpeto evangelizador, a fazer-lhe uma preleção para convencê-lo a não beber. David olha-me detidamente, de alto a baixo, e pergunta-me em seu inglês de esquimó bêbado: "Você é Jesus Cristo ou algum pregador? Quem é você, afinal?" Percebendo o choque que causei ao David e a enrascada em que estava me metendo, procurei conduzir a conversa para temas mais mundanos, mas David insiste na religião: "Você acha que Jesus Cristo algum dia vai voltar à terra?" Não sabendo o que responder a essa indagação teológica tão profunda, preferi despedir-me dele, pensando com meus botões: como terão feito os primeiros missionários para explicar o que é uma cruz para um povo que nunca vira uma árvore e não conhecia a madeira? Será a bebida uma fuga, para fazê-lo esquecer a desfiguração que sofreu sua cultura tradicional? É bem provável... Pobre David!

27. Route 66

Far West americano, setembro de 2000

De regresso de uma longa viagem ao Alaska e ao norte do Canadá, decido-me a conhecer um pouco do oeste norte-americano, aquele oeste dos filmes de *cowboys* que tanto fascinam jovens e adultos. Memórias de infância que incluem índios, xerifes, cidades mineiras abandonadas, desertos escaldantes, locomotivas a vapor, diligências do Wells Fargo, moçoilas com vestidos rodados e espartilhos, senhoras menos sérias vestidas de vermelho, cenas de enforcamento, tiros, muitos tiros, esse é o faroeste do nosso imaginário. Será real?

Alugo um carro em Los Angeles. É um Pontiac coupé sport, vermelho, novo, com apenas 2.192 milhas rodadas! Carro seguro para as peripécias que pretendo realizar.

Começo por uma visita ao Vale da Morte, grande depressão no deserto da Califórnia cujo ponto mais baixo, uma lagoa de água salobra, fica 85 metros abaixo do nível do mar. O calor é insuportável. Permanecer fora do carro sem utilizar o ar condicionado é um sacrifício que pode levar à morte, justificando o nome do vale. A temperatura máxima ali já registrada atingiu 56,5°C em 1913. Um termômetro que consulto está registrando 45°C à sombra. O solo é ressequido, rachado pelo sol. A única vegetação que encontro são aqueles pequenos arbustos de formato aproximadamente esférico que, quando desenraizados, são tocados erraticamente pelos ventos. Nos pontos mais baixos nota-se a ocorrência de salinas. Não se vê vida animal. Consta que há serpentes, mas não as encontrei. Ao longe vislumbro uma construção isolada. Uma casa? Não, uma igreja – de São João Batista – católica, perdida nesse deserto inóspito. Uma nota afixada à porta informa que um padre reza missas ali apenas uma vez por mês. Pergunto-me: para quem? Do alto de uma elevação, onde encontro uma família de alemães também em excursão, descortina-se "A visão de Dante", planície desértica referida naturalmente ao Inferno descrito por Dante Alighieri em sua obra magistral.

Consigo finalmente sair do Vale da Morte, depois de atravessá-lo por inteiro, e volto à vida, entrando no estado de Nevada, onde, logo na divisa, num outro vale chamado de Amargosa, deparo com um cassino-hotel. No estacionamento fronteiro ao mesmo vejo o carro do *Sheriff*, tal como nos filmes. Estaciono a seu lado. Entro por uma daquelas portas de vaivém tradicionais desses locais e lá está o xerife, com seu chapéu de abas largas e sua estrela reluzente, numa roda, jogando o carteado. Hospedo-me e durmo um sono só, depois de um dia estafante e desidratante, para partir bem cedo na manhã seguinte. Ao longo das estradas vejo bases militares e penitenciárias. Próximo dessas últimas a sinalização de tráfego recomenda: "Não dê carona nessa região – presídio federal próximo". Para bom entendedor...

Mais adiante, uma pequena placa à margem da estrada indica: *landfill* (aterro). Sigo-a por uma estradinha vicinal e encontro, em pleno deserto, um depósito para resíduos, a céu aberto, protegido por uma cerca metálica. Converso com a administradora, uma jovem falante que me recebe bem. Explica-me que não se trata de rejeitos radioativos (a região foi utilizada, durante muitos anos, para testes nucleares realizados na atmosfera). Ali somente recebem resíduos não perigosos, além de pneus velhos e entulho de construções.

Chego a Las Vegas ao cair da tarde, em pleno deserto, onde é fantástico o dispêndio de energia. Para satisfazer à demanda por eletricidade que cresce continuamente, uma linha de transmissão, em alta tensão, percorre a principal ou única avenida da cidade – a chamada Strip – ao longo da qual se localizam os grandes hotéis e cassinos milionários. À noite a iluminação da cidade ofusca. Não é sem razão que Las Vegas é considerada o ponto mais brilhante da Terra quando vista do espaço, como relatam os astronautas. Alguns hotéis são verdadeiros parques temáticos: Veneza, Paris, Egito estão ali reproduzidos com minúcias. A água, escassa no deserto, é aduzida em grandes volumes para formar lagos e cascatas artificiais. Sua evaporação, causada pela secura do ar, obriga a uma contínua reposição.

Em termos de desperdício de água e energia, a cidade é um imenso sorvedouro, constituindo-se num verdadeiro atentado contra os conceitos de proteção ambiental e desenvolvimento sustentável.

Durmo num hotel cassino, mas não me aproximo dos caça-níqueis nem das mesas de jogo. Não jogo por princípio e pela ignorância de não saber como se joga, mas descobri que tais hotéis cassinos são uma pechincha para viajantes como eu, pois o objetivo do hotel é manter o jogador por toda a noite. E já descobri também que em alguns desses hotéis o café da manhã, farto e bem servido, tem apenas preço simbólico, quando não é cortesia da casa.

Logo ao amanhecer prossigo viagem, desta vez rumo ao Arizona, atravessando de carro, pelo topo, a barragem da represa Hoover, imensa, em arco, uma das maiores do mundo, formadora do Lago Mead no Rio Colorado. Mais à frente cruzo uma ferrovia e passo a dirigir ao longo da antiga Estrada de Ferro Santa Fé, que, ao invés daqueles tradicionais trens do velho oeste, com suas locomotivas a vapor expelindo fumaça e fagulhas, cruza hoje o país com mais de 100 composições diárias, puxadas por potentes locomotivas diesel-elétricas. Com quilômetros de extensão, cada um desses trens transporta exclusivamente contêineres que trazem mercadorias, na maior parte importadas da Ásia, para abastecer o imenso mercado norte-americano.

Numa pequena cidade, Kingman, à margem dessa ferrovia, paro em uma loja de excedentes de guerra e compro um pequeno binóculo camuflado, que desde então passei a levar em minhas viagens, para observar pássaros. O proprietário da loja, atencioso, vendo minha condição de viajante solitário, sugere-me deixar a estrada principal e tomar, como alternativa, o traçado, ainda em uso naquela região, da famosa Route 66, a rodovia que ligava Chicago a Los Angeles nos tempos pioneiros do automobilismo.

A Route 66 é um retorno ao passado, onde a nostalgia se apresenta em cada curva, que são tantas nesse traçado antigo! Os postos de serviço ainda têm aquelas antigas bombas de combustível com a parte superior de vidro para se visualizar a gasolina adquirida. Os restaurantes ainda expõem, em uso, aquelas geladeiras originais da Coca-Cola, nas quais as garrafas permanecem imersas na água resfriada. Até os menus são tradicionais, pois o McDonald's ainda não existia. Grupos de motociclistas percorrem a estrada com suas Harley Davidson de época, ultrapassando automóveis também originais dos anos 1930-40. A Route 66 constitui, enfim, uma grande exibição de saudosismo coletivo.

No caminho para alcançar o Grande Canyon, atravesso, no deserto, um vilarejo denominado Valle, que além de umas poucas casas possui também um museu aeronáutico desproporcionalmente grande para o local, onde está exposto o avião que conduziu pela primeira vez o general MacArthur ao Japão, para ocupá-lo militarmente e encaminhá-lo para a democracia que é hoje. Quanto ao Grand Canyon, não consigo descrevê-lo com propriedade. É grande demais para as palavras. Tem de ser visto.

Mais para o sul surpreende-me uma placa à beira da estrada: "Cratera do Meteoro". Sempre fora meu sonho conhecer essa cratera aberta no Arizona por um meteoro que ali caiu em eras primitivas, antes mesmo da presença dos dinossauros, que foram comuns na região. Já é tarde e em pouco tempo o sol deverá se pôr. Acelero ao máximo o Pontiac para alcançar a cratera ainda de dia. Chego em tempo, mas me decepciono: não é tão grande como a imaginava. Esse é um problema que ocorre com freqüência, quando idealizamos certos feitos ou locais e que, ao conhecê-los, não condizem com o que esperávamos. A grande cratera do meteoro do Arizona se inseriu, para meu pesar, nessa lista de decepções.

Antes de deixar o Arizona de regresso à Califórnia, atravesso uma reserva indígena. São índios Hualapai. Operam um restaurante à beira da estrada. Almoço com eles e converso com a garçonete índia. Muitos são obesos e, embora prósperos e até ricos, eu diria, parecem-me tristes, vivendo de forma melancólica na área de reserva que lhes restou. Prossigo viagem e mais adiante encontro um mercado de compra e venda de cavalos. É uma tarde de sábado e meninos, com laços de cordas enroladas, praticam o que os *cowboys* realizavam, com maestria, nos velhos filmes do oeste: laçam cavalos. Propõem-se a me ensinar seu mister, mas agradeço, evitando expor-me a um vexame certo. Toco em frente mais um pouco e, à margem dessa estrada que reúne tantos sonhos de infância, encontro desta vez um bar, instalado em uma construção tradicional, daquelas feitas com toras de madeira. Entro, está escuro. Após acostumar a vista, percebo que todos os fregueses me observam, pois sou um forasteiro no lugar. Felizmente não temos armas para sacar. Peço um *draft beer* – um chope – bem gelado. Bebo-o, saúdo a todos e sigo meu caminho em paz. Preferi encerrar por ali minha incursão nas memórias infantis do faroeste, antes de me envolver em algum tiroteio imaginário.

América Latina e Caribe

28. Na Terra do Fogo

Extremo sul das Américas, janeiro de 1973

Um vôo desconfortável, partindo de Buenos Aires rumo ao sul do continente, causa-nos alguma ansiedade pelas turbulências que enfrentamos. Pouco depois de decolar e ainda sobrevoando os pampas, o mau tempo nos acompanha até Rio Gallegos, na Província de Santa Cruz. Ao sul da planura e do verdor dos pampas argentinos a terra se torna árida, seca, com pequenos oásis dispersos numa grande extensão recoberta de seixos rolados, entre formações de arenitos que lembram um filme do *far west*. Estamos agora em plena Patagônia.

A próxima etapa da viagem é Rio Grande, principal cidade do extremo sul argentino, que atingimos após sobrevoar o Estreito de Magalhães. Chegamos a uma terra cujos aborígines, ao acenderem fogueiras ao longo da costa, levaram os navegantes iberos a batizá-la como Terra do Fogo. Os indígenas onas, yahganes, ausches e alacalufes que habitavam essa ilha remota desapareceram, porém deixaram algumas recordações de sua cultura extinta no museuzinho de uma modesta e isolada missão salesiana que monta guarda em uma costa inóspita, onde os naufrágios eram freqüentes.

A Terra do Fogo é verdejante, ao contrário da seca Patagônia. A fauna nativa é reduzida e seu espécime de maior porte é o guanaco, da família das lhamas, um camelídeo quase extinto. As espécies exóticas trazidas pelos ingleses, que colonizaram a região, incluem, além das ovelhas, castores, raposas e até renas. A flora, exuberante na aparência, conta apenas com uma tênue camada de terra fértil que mal oculta o solo de cascalho, formado principalmente por seixos rolados. A árvore típica é a lenga, de bela madeira clara, mas o desmatamento para formação de pastos e os fortes ventos, freqüentes na região, são ameaças permanentes a sua sobrevivência.

Ushuaia, a cidade mais meridional do mundo, fica nostalgicamente debruçada sobre uma baía, às margens do Canal de Beagle. Nessa região, argentinos e chilenos já tiveram seus entreveros por conta da disputa territorial sobre algumas ilhas costeiras, das quais a maior é Navarino.

Ushuaia já foi prisão e zona franca e hoje é o porto de apoio para os navios que demandam a Antártica a partir da Argentina. Os navios de cruzeiro que aqui aportam no verão desembarcam levas de turistas sedentos por lembranças do artesanato local. Ponchos e roupas de lã são os artigos mais procurados. O hotel no qual nos hospedamos na cidade tinha como mascotes dois cães que, segundo seu proprietário, um oficial de marinha reformado, foram os primeiros cães argentinos a atingir o Pólo Sul.

Após a abertura do canal do Panamá em 1914, que absorveu o tráfego marítimo que contornava a América do Sul rumo ao oriente, e com a proibição da caça às baleias, a economia local entrou em um longo período de estagnação e só está se recobrando devido às recentes descobertas de gás e petróleo na região.

Mais ao norte, entretanto, já no continente e em plena Patagônia, Comodoro Rivadávia ostenta sua vocação petroleira há várias décadas, enquanto no vale do Rio Chubut florescem alguns núcleos de colonização galesa, mais afeita ao pastoreio e à produção de lã. Fundadas por imigrantes procedentes do País de Gales na última década do século XIX, as cidades dessa região ostentam curiosos nomes, como Trelew, Madryn, Rawson, Gaiman, e o chá das cinco ainda é servido toda tarde, com bolinhos, mantendo uma arraigada tradição. Por sinal, a presença anglo-saxônica nessas regiões extremas do cone sul das Américas é um fato interessante. Enquanto no sul do Chile nota-se a influência dos colonos alemães, na vertente atlântica do continente encontramos, na Terra do Fogo argentina, muitos fazendeiros de ascendência inglesa, criadores de ovelhas. As Ilhas Malvinas, ainda hoje sob a bandeira britânica, constituem um resquício dessa colonização de outrora.

Diz-se que uma viagem sem incidentes torna-se monótona. Pois foi por falta de avião para prosseguir rumo ao oeste, com a companhia aérea em greve por prazo indeterminado, que surgiu a oportunidade de cruzar o continente, do Atlântico ao Pacífico, num ônibus de carreira. Foi efetivamente uma experiência singular tomar um ônibus em Puerto Madryn, na costa atlântica povoada por pingüins e leões-marinhos e viajar durante mais de vinte horas por estradas de cascalho, cruzando apenas um vilarejo de 500 habitantes antes de chegar a Esquel, já na Cordilheira dos Andes, com picos nevados e clima alpino. Dali foi fácil, com um outro ônibus e por estradas de montanha, seguir para Bariloche.

A Patagônia é, além de um deserto na acepção geográfica mais comum do termo, um imenso vazio demográfico e, por isso, os poucos passageiros dessa longa jornada se conheciam todos entre si. Além disso, o motorista atuava também como mensageiro, levando notícias que lhes solicitavam os poucos moradores que avistávamos. Uma senhora idosa, sentada numa pedra à margem da estrada, fez parar o ônibus apenas para pedir ao motorista que lhe marcasse uma consulta com um médico no povoado que atravessaríamos muitos quilômetros adiante (e a consulta foi marcada, enquanto todos nós, passageiros, aguardávamos pacientemente o motorista retomar a direção).

O trecho final dessa épica travessia continental, vencendo os Andes, foi o mais emocionante. Zarpando-se do cais de Bariloche num barco a motor, cruza-se o Lago Nahuel Huapi, sem favor uma das paisagens mais belas do mundo. Pela troca sucessiva desse barco por um ônibus e novamente um barco e a seguir um novo ônibus, vencendo uma sucessão de lagos como que dispostos em degraus, cruza-se o passo Pérez Rosales e chega-se à vertente pacífica da cordilheira. A vila de Peulla, já no Chile, com suas construções de madeira e vestígios da cultura germânica herdada dos primeiros imigrantes, ostenta no horizonte um belíssimo vulcão com seu cume nevado – é o Osorno, com suas encostas absolutamente simétricas, de dar inveja ao Monte Fuji do Japão. Corredeiras na cor verde-esmeralda, escavadas na lava absolutamente negra que forma as Quedas de Petrohue, fazem contraste com a neve das encostas do vulcão, que as alimenta. E após navegar através do Lago Esmeralda, entre belíssimas mansões e verdes pomares, outro ônibus nos leva a Puerto Montt, um dos principais portos chilenos do Pacífico, com seu famoso mercado pesqueiro de Angelmó. Ali se podem comprar, ainda vivos, peixes e toda sorte de frutos do mar, pescados nas frias águas da Corrente de Humboldt que circula para o norte ao longo da costa do Pacífico.

Entre as iguarias à venda nas barracas desse pitoresco mercado destacam-se os suculentos caranguejos rosados das águas antárticas, localmente chamados de *centollas*.

A providencial greve da companhia aérea não poderia ter sido mais proveitosa. Essa foi, com efeito, uma viagem através de paisagens deslumbrantes, em meio a uma natureza prístina, em grande parte intocada pelo homem. Bendita greve!

29. Uma limusine nas Bahamas

Mar do Caribe, novembro de 1994

Depois de duas semanas no México, onde participara de uma conferência na Universidade Nacional, decidi-me a visitar um pouco do Caribe, região que ainda era para mim desconhecida. Depois de analisar diversas possibilidades compatíveis com minha data de regresso ao Brasil, um vôo curto, de Miami, num avião regional, leva-me às Bahamas, república insular que, após tornar-se independente em 1973, ainda mantém seu vínculo com a Comunidade Britânica. O percurso até sua capital, Nassau, faz-se sobre um mar azul, ponteado por embarcações de recreio, num céu limpo, com poucas nuvens e nenhuma turbulência. Nem parece que estamos no Triângulo das Bermudas, famoso por suas tempestades e tragédias náuticas, nesse vôo tranqüilo que logo termina com a chegada ao aeroporto de Nassau, modesto, porém muito limpo e organizado.

O funcionário do controle de imigração me pergunta onde vou me hospedar e, com toda franqueza, respondo-lhe que não sei. Não tenho planos, programas nem compromissos agendados, explico-lhe: quero apenas conhecer um pouco de seu país. Peço-lhe sugestões e ele me recomenda um hotel na praia, o El Greco, que diz ser bom e barato. Logo aceito tão boas referências e dou o próximo passo nessa pequena aventura insular: encontrar um táxi. Aeroporto pequeno, de pouco movimento, o de Nassau não foge à regra de atrair os táxis apenas nos horários dos vôos programados. Como tenho por hábito não me precipitar quando chego a uma terra desconhecida, visito antes o quiosque de turismo, no saguão do aeroporto, farto de mapas e informações para o forasteiro. Vou a seguir a uma pequena livraria e giro o mostruário dos cartões postais à venda, técnica que desenvolvi e que me dá, de relance, uma idéia clara dos melhores locais e atrações a visitar. Feito o reconhecimento e já munido de um bom mapa, vamos ao táxi! Percebo só então que não há mais nenhum à minha espera. Olho ao redor e um carregador de malas ocioso me indica, como alternativa, uma fantástica limusine preta, impecável, pneus de banda branca, com pelo menos oito metros de comprimento. Procuro ainda por um táxi normal, mas não há jeito. Com um sinal de mão feito pelo carregador (quem sabe, um comissionado?), a limusine se aproxima, majestosa, cromada, reluzente. Tento imaginar o preço que vou pagar por uma entrada tão gloriosa na cidade e aceito, sem escolha, o que me é cobrado: 15 dólares locais, o que não é tão caro assim. Naturalmente uma limusine não tem taxímetro e o pagamento estipulado por seu motorista não está sujeito a barganhas. Abro mão do salão, dos sofás, do bar e da televisão que ocupam seu interior e sento-me no banco dianteiro para melhor conversar com quem me guia, Elisabeth, uma senhora muito educada, a motorista da minha limusine! No percurso até o hotel ela discorre sobre seu país e os costumes locais e recomenda atrações que eu não poderia deixar de visitar. Trajando-se finamente, com um vestido de seda, colar de pérolas e sapatos de verniz, Elisabeth é negra como a maioria da população local, descendente de escravos, fala um ótimo inglês e me enriquece com suas observações – a paisagem, as árvores nativas, as lagoas que margeiam a estrada e o cuidado que estão tendo para preservar o meio ambiente. Sobre todos esses temas conversamos animadamente, até chegarmos à cidade. Paramos na porta do El Greco. Bagagem eu não tinha – só uma maleta de mão para passar duas jornadas, pois regressaria a Miami no dia seguinte. Pago-lhe a importância previamente combinada e, antes de despedir-se, Elisabeth se oferece para servir-me durante todo o dia. Agradeço e explico-lhe que gosto muito de andar a pé, para fazer exercício.

Nassau é uma cidade limpa e arejada, à beira-mar, com construções antigas e também prédios modernos que abrigam, quase todos, bancos e organizações financeiras. Como é sabido, estamos em um paraíso fiscal. No porto vários navios de cruzeiro despejam sua carga humana, embarcada em Miami, ansiosa por fotos e lembranças, estas quase sempre de mau gosto – vulgares trabalhos artesanais feitos com conchas e peças bordadas sem utilidade aparente, são as mais comuns. Em outras eras, outros navios menos nobres descarregaram também suas cargas humanas naquele pequeno porto, porém vinham da África.

Numa das praias dos arredores da cidade visito um grande aquário construído sob o mar, onde somos observados com curiosidade pelos espécimes marinhos que circulam por fora dos janelões de vidro. Nesse original aquário somos nós, humanos, que somos exibidos para os tubarões e polvos que nos circundam. Embarco a seguir num submarino especial, projetado para turistas, com grandes vigias estanques de vidro grosso, que permitem observar diversos navios e barcos naufragados próximos à costa, cercados por coloridos bancos de corais. Esse passeio faz-me lembrar o Nautilus, o submarino do Capitão Nemo do livro *As Vinte Mil Léguas Submarinas*, de Júlio Verne. Mais adiante, em torno de um navio cargueiro naufragado, nadam vários mergulhadores, lançando para a superfície colunas de bolhas de ar que escapam de seus equipamentos de mergulho. Ao perceberem a aproximação do submarino, saúdam-nos animadamente. Depois de desembarcar desse longo mergulho visito algumas praias e um bairro com mansões cinematográficas cujos proprietários são milionários de nomes internacionalmente conhecidos. Finalmente, ao cair da noite, completando essa longa e cansativa jornada, janto num restaurante à beira-mar, especializado em comidas típicas da ilha, baseadas em pescado e frutos do mar preparados com temperos fortes que lembram nossa Bahia.

Após uma noite bem dormida, um desjejum frugal e algumas braçadas na piscina do El Greco, chega a hora de partir. Decido tomar um táxi comum, seguramente mais barato que os quinze dólares locais da limusine que me trouxe. Um veículo popular de fabricação coreana, de linhas simples e poucos cromados, dirigido por Peter, nativo da ilha, afável e falante, atende-me pressuroso. Com o taxímetro ligado, seguimos pelo mesmo percurso que me trouxe até o hotel a luxuosa limusine de Elisabeth. Quando se parte de um lugar é interessante ver as mesmas paisagens da chegada, agora se desenrolando na seqüência inversa e enriquecidas pelos conhecimentos absorvidos do local. Volta-se o filme, conhecendo-se agora seu enredo. Assim chegamos finalmente ao aeroporto e, ao pagar pela corrida, fico surpreso com o que marca o taxímetro: quatorze dólares e vinte centavos! Dou ao Peter quinze dólares e digo-lhe que fique com o troco. Ele agradece-me efusivamente e pergunta-me se gostei de seu país! Não só gostei como também aprendi que andar de limusine nas Bahamas pode ser uma grande pechincha.

30. Papiando

Antilhas Holandesas, janeiro de 2001

"*Bon bini a Curaçao!*". Com essa frase de fácil compreensão para um brasileiro – bem vindo a Curaçao – sou recebido em uma ilha tropical carente de água potável, a não ser aquela recolhida nas raras chuvas que recebe. Mas que produz uma excelente cerveja – a Amstel local – feita com água pura, obtida aquecendo-se e destilando a água salgada do mar. Estou nas Antilhas Holandesas, mais precisamente no arquipélago ABC: Aruba, Bonaire, Curaçao. Aruba, com praias paradisíacas, e Bonaire, quase deserta, sobrevoei num gostoso vôo matinal que deixou a Venezuela para trás. Mas é em Curaçao que está o movimento. Willemstad – a cidade de Guilherme – é sua alegre e colorida capital, na baía de Santa Ana. Separada por um canal existe outra cidade: Otrobanda – outra banda –, ligada a Willemstad por uma ponte flutuante giratória, que se afasta toda vez que um navio deve entrar ou sair do porto.

O clima seco e o sol forte – estamos nos trópicos! – contribuem para que os telhados das construções na ilha tenham um aspecto limpo, cor de barro novo, livres de fungos e umidade. Um governador holandês do passado, que se sentia ofuscado pela claridade excessiva do casario branco de seu tempo e alegando dores de cabeça, ordenou que as casas fossem todas pintadas de cores vivas e variadas, mas não de branco. Isso dá à cidade até hoje um aspecto multicolorido e alegre que, parece-me, também contribui para o bom humor de seus habitantes. A floração das buganvílias de cores variadas enfeita os muros e jardins, a limpeza e a organização lembram a Holanda, porém a alegria e a musicalidade contagiantes da população nos fazem lembrar o Brasil.

A língua local merece registro. Aliás, mais que isso, os habitantes de Curaçao merecem registro pelo número de idiomas que falam: inglês, com os muitos turistas que ali aportam; espanhol, para o comércio com a Venezuela, país vizinho; holandês, o idioma oficial, pois estamos em um estado associado da Holanda; e... papiamento, sim, a língua que se "papeia" em toda parte na ilha. Uma mistura de português com algumas palavras de línguas africanas e indígenas, e com vocábulos de todas as outras línguas já citadas, o papiamento é um esperanto caribenho baseado no português do Brasil. Nós, brasileiros, entendemo-lo quase completamente, desde que lancemos mão de alguma criatividade. Sua origem? – os judeus brasileiros e portugueses que, escapando da Santa Inquisição, foram viver na Holanda e de lá emigraram para as Antilhas. Daí a presença maciça de palavras nossas nesse original idioma: *bon dia*, *até*, *grandi*, *servisio*, *sensasional*, *friu* e centenas de outras mais. Um anúncio do supermercado "Bandera Portuguesa" oferece "*...na cada kompra di comestibel, 1 saku di batata de 2 kilo kompletamente gratis!*". Trata-se de um supermercado que "*habri tur dia*" e que deseja a sua "*klientela*" um "*Felis Ana Nobo*".

Mas, nos dias que dediquei a conhecer a ilha, a grande sensação e objeto da curiosidade de toda a população foi a presença, em um dos estaleiros locais, do navio-tanque Mira Star, a maior embarcação que já entrou no porto de Willemstad. Henrik, um agente importador que se interessa por produtos brasileiros e que conheci na beira do cais, assegurou-me que o Mira Star tem capacidade para 300.000 toneladas de petróleo (mais de dois milhões de barris!). Sua partida, numa manhã ensolarada, conturbou a vida da cidade – as aulas foram suspensas, os escritórios cerraram as portas, o trânsito de veículos em terra congestionou-se e toda a população acorreu ao cais para assistir à passagem do imenso navio cuja largura – ou boca, para usarmos o termo naval correto – quase ocupava todo o canal de acesso ao porto. A operação era de risco e helicópteros da polícia sobrevoavam-no, sinalizando o deslocamento, enquanto uma corveta da marinha local comandava a passagem do gigante. Ufa, passou sem arranhões, para júbilo da multidão, pela ponte giratória que, sabiamente, havia sido recolhida.

Um animado comércio flutuante chama também a atenção de um viajante curioso. Muitos barcos de bandeira venezuelana viajam toda a noite para amanhecer no cais da Lagoa de Waaigat, no centro da cidade, onde vendem toda sorte de verduras, frutas e hortaliças, produtos em que a ilha é pobre. À tarde, terminadas as vendas, partem de retorno ao continente para se reabastecerem e regressarem na manhã seguinte. A região está, felizmente, fora da zona dos furacões que assolam o Caribe com freqüência e a navegação é segura, dizem-me os tripulantes dos barcos, com quem puxei conversa.

A Sinagoga Velha é outro ponto de visita obrigatória. Misto de museu e templo judaico ainda em uso, essa sinagoga era considerada a mais antiga do hemisfério ocidental até que pesquisas recentes, realizadas no Recife, confirmassem ter sido ali construída uma sinagoga em data anterior, durante o período de ocupação holandesa de Pernambuco. Um fato que chama a atenção são as lápides das sepulturas, todas escritas em correto português setecentista, louvando as virtudes do "bem aventurado" e rogando que "sua alma goze da glória". A curadora do museu, cujo nome judaico de família, para minha surpresa, é Alvares, explicou-me ainda que a tradição está tão enraizada no idioma dos fundadores que uma parte das orações nas cerimônias religiosas realizadas na sinagoga é proferida até hoje em português, ao saudar-se a Rainha da Holanda como líder máxima da comunidade – "A Sua Majestade, Beatriz, rainha dos Países Baixos...", dizem os fiéis, literalmente, em suas rezas.

Curaçao foi para mim uma agradável experiência, que muito diz respeito também a nossas origens brasileiras. O caldeamento das raças, o clima confortavelmente quente e a brisa constante que sopra do mar lembram nosso Nordeste. Willemstad, poderíamos mesmo dizer, é uma pequena Recife que permaneceu holandesa. Recursos provenientes da Holanda asseguram ainda hoje muitas das atividades culturais locais. Ao visitar um centro educacional, moderno e muito bem instalado, sou avisado, logo à entrada, por um cartaz, que o centro conta com uma *"Biblioteka Públiko pa informá, eduká i dibertí"*. Pois foi o que fiz nesses dias de visita a esse paraíso holandês nos trópicos: informei-me, eduquei-me, diverti-me e, como ainda estávamos nos primeiros dias de janeiro, agradeci a hospitalidade de todos aqueles com quem tratei com meus votos de *"Felis Ana Nobo!"*.

31. De Noronha ao Acre

Arquipélago de Fernando de Noronha, dezembro de 2001

Um congresso técnico de que participava no Recife, Pernambuco, permitiu-me revisitar a história de nosso Brasil holandês – Recife, Olinda, Guararapes, Cabo de Santo Agostinho – para depois estender, sem grande esforço, minha viagem até o arquipélago oceânico de Fernando de Noronha ou, simplesmente, até Noronha, como dizem os habitantes locais.

Ainda no Recife, depois de um almoço em que não faltou ensopado de carne de bode com macaxeira e farofa, seguido de queijo-de-coalho com mel-de-engenho como sobremesa, vivi uma experiência inusitada. Já fora da cidade, no campo onde outrora vicejava a cana-de-açúcar, fui visitar a antiga usina que hoje abriga o atelier e a exposição dos trabalhos de Francisco Brennand, pintor e escultor. Tive então o privilégio de encontrar o grande artista só, cercado por suas próprias obras, num fim de tarde, disponível para um gostoso bate-papo. Em sua vasta propriedade, que já recebe visitas até do exterior pela merecida fama que granjeia seu trabalho, Brennand discorreu sobre o período em que viveu em Paris e fez-me uma apreciação da obra de outros escultores que admira, dentre os quais deu destaque ao norueguês Vigeland, que, embora seja eu um leigo no assunto, também aprecio muito. Foi uma aula de arte escultórica que não esquecerei. Com sua fidalguia – característica pessoal que logo se percebe –, fez questão de conduzir-me, ao final dessa singular visita, até a saída do grande parque onde trabalha, que percorremos lentamente entre árvores frondosas e esculturas originais, que ele descrevia uma a uma.

No dia seguinte, depois de visitar o Monte dos Guararapes, local da grande batalha em que os brasileiros recuperaram dos holandeses a terra pernambucana, eis-me a bordo de um Embraer 120-Brasília que me leva, num vôo de pouco mais de uma hora, com "céu de brigadeiro", ao nosso arquipélago oceânico. Fernando de Noronha é atualmente um Distrito Estadual, pertencente ao estado de Pernambuco, depois de ter sido território federal por muitos anos.

Na chegada, um sobrevôo de toda a orla marítima da ilha principal dá uma visão soberba da rica paisagem e das características peculiares desse ecossistema isolado no Atlântico. Sem perda de tempo, contrato logo à saída do aeroporto um táxi-buggy, veículo popular na ilha, para me levar à Vila dos Remédios, povoado no qual se concentram as atividades comerciais e o governo da ilha. Velhos casarões, prisões desativadas de um passado hostil, intercalam-se com muitas pousadas destinadas aos turistas que afluem durante todo o ano a esse paraíso tropical tão próximo da Linha do Equador.

Não fizera reserva, pois gosto de jogar com a sorte e encontrar a hospedagem que mais me agrade. Mas as pousadas estão todas lotadas! Com minha maleta de mão perambulo pelo vilarejo até encontrar a Pousada Sempre Verde, onde sou recebido com um largo sorriso por dona Severina – que se pronuncia com seus dois "e" bem abertos. Sua modesta pousada também está lotada, porém, explica-me, se eu não me importar, posso ficar no quarto de seu neto que viajou para o continente. Aceito o trato e logo me acomodo, mas com uma recomendação da parte dela: não devo me assustar, à noite, com os calangos – pequenos lagartos (ou enormes lagartixas?) – que percorrem o quarto na busca de moscas e mosquitos... Desfaço a mala, preparo-me logo para sair, mas, antes que possa trocar-me para o uniforme obrigatório desse paraíso – traje de praia –, sou agredido pelo estridente soar de meu telefone celular que, para minha surpresa, funciona até nessas paragens oceânicas. Num arroubo de independência, desligo-o solenemente, prometendo somente religá-lo quando voltar ao continente.

Percorro o arraial, visito a sede do governo, caminho até a praia mais próxima, escalo o promontório onde foi instalado o forte que controla o pequeno porto e, depois de muito caminhar, preparo-me para o jantar. A iguaria local, conforme me recomendaram, é o "bolinho de tubalhau", feito com carne de tubarão em vez do tradicional e importado bacalhau. Mas a consciência ecológica que domina a ilha me impede de provar esse acepipe: a pesca do tubarão está suspensa, informam-me, para protegê-lo da extinção. Contento-me então com uma tradicional moqueca de peixe com camarões e vou logo dormir, observado por inofensivos calangos que percorrem agilmente as paredes do pequeno quarto da pousada.

Começo bem cedo o novo dia, vendo o sol nascer no oceano. No café da manhã não faltam as bananas fritas, beijus e bolos caseiros. Com o estômago bem forrado, parto então com o Paulo, motorista do "táxi-buggy" que já havia contratado para percorrer a ilha. Baía dos Golfinhos, Praia do Leão, Baía do Sancho, Enseada da Caieira, Baía dos Porcos são alguns nomes que ficaram em minha memória, além da Praia do Boldró. Esta última, localizada nas cercanias de uma antiga base norte-americana de rastreamento de satélites, chamou-me a atenção por seu nome incomum, cuja origem não encontrei quem me explicasse. Será uma corruptela de alguma palavra ou expressão em inglês?

Todos esses pontos de atração no perímetro da ilha têm, a vigiá-los, o Morro do Pico, marco de granito, abrupto, que domina toda a paisagem, tal qual um Pão de Açúcar local, porém de perfil mais esguio. Outro marco, este mais moderno e fruto das novas tecnologias, é um imenso catavento de três pás, instalado em uma das praias e que transforma em energia elétrica a força dos ventos constantes que sopram do oceano. Embora disponha ainda de uma antiga usina térmica, que queima óleo combustível trazido do continente, Noronha poderia ser, em pouco tempo, um exemplo para o mundo no uso de novas fontes de energia renováveis – como a eólica e a solar –, eliminando o uso dos combustíveis fósseis, poluentes e não renováveis, como já está fazendo, por outras vias tecnológicas, a distante Islândia, ilha também no Oceano Atlântico.

Como não sou dado aos mergulhos, o esporte mais praticado na ilha, sobra-me tempo para algumas incursões terrestres curiosas. Como aquela que fiz ao povoado de Sambaquixá, construído ao redor de uma pequena igreja dedicada a duas padroeiras. N.S. da Conceição e N.S. da Graça disputam, num único altar que abriga as duas imagens, a preferência dos fiéis. Também visito alguns fortes, fortins e casamatas construídos no perímetro da ilha principal, para protegê-la de invasores e corsários. Dentre essas fortificações centenárias, lembranças de pedra dos combates que aqui ocorreram desde a descoberta do arquipélago nos primeiros anos do século XVI, sobressai o Forte dos Remédios, o maior e mais imponente, dominando a Praia do Cachorro e do qual se pode assistir o melhor pôr-do-sol do arquipélago.

Deixei Noronha com pesar, para regressar à movimentada vida do continente, onde teria que religar meu telefone celular e disputar, no trânsito, espaço para meu carro, pois o táxi-buggy ficara para trás. Na viagem de retorno, não pude deixar de refletir sobre a experiência, também invulgar, que acumulara poucos meses antes, visitando o Acre, o outro extremo do Brasil, com mais três fusos horários de diferença para o oeste (tanto quanto toda a Europa abarca). Fora convidado para coordenar uma sessão de debates sobre aspectos ambientais relevantes no estado e tivera contato com pessoas acreanas que se expressavam da mesma forma como se fala em Noronha. Sotaque parecido, nomes semelhantes (lá também encontrei uma dona Severina...), abordagens similares para problemas equivalentes. São quase 5.000 km a separar essas comunidades tão distantes e assim mesmo no café da manhã também comi beiju, banana frita e bolinhos caseiros de gosto parecido com os de Noronha!

Nesses dois extremos do país pude também constatar outro ponto em comum: o zelo crescente com a proteção do meio ambiente local. A preocupação dos noronhenses com a pesca predatória e com o turismo de massa, que ameaça destruir seu hábitat, faz eco com a dos acreanos, preocupados com a destruição de suas matas e que já falam, com desenvoltura, em móveis ambientalmente corretos, feitos com madeiras certificadas para exportação. É uma grande mudança cultural que já permeia pelos empreendedores e membros das comunidades locais, conscientizando-os da necessidade de se conservar o meio ambiente e preservar a biodiversidade desses rincões extremos de uma terra privilegiada pela natureza.

Ao aterrissar no aeroporto de Recife, voltando daquele paraíso oceânico que é Noronha, lembrei-me também que em menos de duas semanas deveria partir para outra viagem inusitada, embarcando dessa vez para a Antártica, num vôo mais longo, com muitas horas de duração, para alcançar um outro paraíso, este gelado.

A mais de 10.000 km de Noronha (e também do Acre), a base brasileira no continente antártico completa um imenso triângulo. Em seus vértices conheci pessoas que falam o mesmo idioma e que têm ainda em comum o fato de serem cidadãos de um país singular, que não disputa território, que convive bem com seus vizinhos e recebeu, ao longo dos séculos, representantes de todas as etnias que compõem a humanidade. Esse processo de fusão multicultural, talvez único no mundo, permite-nos, hoje, viajar de Noronha ao Acre quase sem notar e também merece, tanto quanto a natureza, ser preservado por todos nós.

32. Nos Andes dos incas

Peru e Bolívia, janeiro de 2003

Desde a década de 1950, na faculdade, quando tive como colegas alguns bolsistas peruanos e bolivianos, fascinavam-me as leituras e conversas sobre as civilizações pré-colombianas da América do Sul. Infelizmente, os programas organizados para turistas apressados se resumem ao Império Inca, representado quase sempre de forma simplista e estereotipada pelas ruínas de Machu Picchu, sua cidade sagrada, em detrimento de outras culturas anteriores, também ricas em artes e tradições. Avesso a pacotes turísticos padronizados, preferindo sempre criar meus próprios roteiros, pus-me a articular uma viagem que me levasse aos principais centros históricos da cultura andina e me colocasse em contato direto com as populações contemporâneas que os sucederam.

Chegando de São Paulo num vôo direto até Lima, visitei logo de início o Museu Antropológico e Arqueológico Nacional do Peru, onde, observando os preciosos artefatos expostos, travei conhecimento com os povos nativos que se sucederam na planície costeira e nas serras andinas até ocupar as vertentes amazônicas. Trata-se de um museu muito bem organizado, que apresenta de forma didática as características de todas as civilizações que se sucederam naquele país andino. Deixando Lima, cidade fundada pelos espanhóis e, portanto, de história mais recente, prossegui sempre de ônibus ou trem, conhecendo Nazca, Arequipa, Cuzco, Machu Picchu, Aguas Calientes, Puno, até atravessar o Lago Titicaca em uma lancha da marinha boliviana, para chegar finalmente a La Paz, já minha conhecida, numa tarde ensolarada de verão, com uma temperatura de pouco mais de 15°C.

Povos distintos se sucederam nessa região ocidental da América do Sul, por um período de tempo que cobre mais de dois mil anos. Chavins, Huaras, Paracas, Tihuanacos, nas terras altas, e Nazcas, Mochicas, Pachacamaques, Chimus, nas regiões costeiras, todos deixaram testemunhos materiais de sua passagem pela história. Os sacrifícios humanos como oferendas ao sol parecem ter sido praticados por todos esses povos. Havia, em todos eles, a extrema preocupação com o clima e com a sucessão das estações – fatores vitais para assegurar a produção agrícola indispensável à sobrevivência nessas regiões áridas ou pelo menos muito secas. Cerâmicas zoomorfas, utensílios domésticos variados, múmias desidratadas mas com a pele conservada como se estivessem vivas, são algumas das lembranças que retive desses predecessores dos incas, que viveram numa região que vai da aridez absoluta da costa pacífica, onde quase nunca chove, às geleiras da cordilheira e às matas úmidas e verdejantes que precedem a Amazônia.

Tanto quanto pude perceber, entretanto, nenhuma dessas culturas tinha desenvolvido a escrita ou qualquer forma de simbologia gráfica que possa orientar os pesquisadores na reconstituição de suas histórias. Curiosamente, apenas o registro dos números foi desenvolvido pelos incas, na forma dos *quipos*, cordéis de cores variadas, providos de nós que simbolizavam as cifras. Já utilizavam, no entanto, nessa forma curiosa e primitiva de registro numérico, o sistema decimal, cujo zero era representado pela ausência de um nó.

Entre essas várias civilizações o povo de Nazca, que se estabeleceu na costa ao sul de Lima, no início da era cristã (200-500 DC), pareceu-me o mais inventivo. São famosas suas figuras gigantescas desenhadas no deserto, que para serem bem visualizadas precisam ser sobrevoadas. Tais figuras, além das longas linhas retas que se assemelham a pistas de pouso para aeronaves, também representam baleias, colibris, condores, macacos, aranhas e, desenhado numa encosta, até um ser humano vestido como se fora um astronauta. Essa figura levou o escritor alemão Erich von Däniken a elaborar uma tese fantasiosa, procurando justificar essas obras imensas como sendo registros de contatos tidos pelos nazcas com seres divinos extraterrestres. Essa tese foi refutada por Maria Reiche, pesquisadora também alemã, que passou grande parte de sua vida estudando o traçado das linhas e figuras que recobrem o deserto e concluiu serem as mesmas um imenso registro astronômico, destinado possivelmente a subsidiar com informações climáticas a prática da agricultura. É pena que a perspectiva histórica dessas figuras não tenha sensibilizado os projetistas da Rodovia Pan-americana, que vindo de Lima para o sul corta, sem perdão, com seu asfalto negro, uma das mais belas figuras nazcas, hoje irreconhecível. Disseram-me que era a figura estilizada de uma iguana. A proteção dos bens culturais não era levada muito em conta na época da construção dessa estrada, o que permitiu que se mutilasse uma obra hoje reconhecida pela Unesco como patrimônio de toda a humanidade. Povo criativo, os nazcas também desenvolveram há cerca de dois mil anos um maravilhoso sistema de aquedutos que funciona até hoje e capta as águas subterrâneas que descem da encosta andina, a fim de tornar fértil o vale onde viviam.

Fui também conhecer na Bolívia as ruínas da civilização de Tiahuanaco, uma das predecessoras dos incas. Construída a mais de quatro mil metros de altitude acima do nível do mar, próxima ao Lago Titicaca, a cidade de Tiahuanaco, também declarada patrimônio da humanidade, ostenta belos monolitos e esculturas antropomórficas, além da famosa Porta do Sol, um verdadeiro símbolo cultural e turístico da Bolívia. Pena que aqui também uma estrada, nesse caso uma ferrovia, tenha violentado um acervo histórico de valor inestimável. Além de cruzar o sítio arqueológico, seus construtores usaram como lastro para fixação dos dormentes até as pedras milenares das ruínas! Nesse grande altiplano, os primeiros registros da presença do homem recuam a 1.500 AC, quando se via no horizonte a Cordilheira Real com seus picos permanentemente cobertos de neve. Com o passar dos anos, todavia, a área ocupada por suas geleiras tem-se reduzido gradativamente, fato tido como uma das conseqüências do aquecimento global.

Rumando para o norte, próximo a Puno, cidade peruana situada às margens do Lago Titicaca, ao cruzar o passo Abra la Raya a 4.335 metros de altitude, vê-se uma torrente de água, modesta, que desce das montanhas. Explicaram-me ser essa a nascente do rio Urubamba, que vai ajudar a formar o rio Ucayali, por sua vez um dos formadores do nosso Amazonas. Longa viagem percorre essa água de geleira que, límpida a princípio, vai-se poluindo ao longo do percurso, recebendo detritos orgânicos, garrafas e sacos plásticos em profusão. A falta de consciência ambiental, que maculou no passado as construções de uma rodovia e uma ferrovia, conspurca aqui, contemporaneamente, a hidrovia mais extensa do mundo.

Como sucessores de Tiahuanaco e oriundos também do grande lago, os incas constituem, para o visitante interessado na história, o ponto culminante dessa sucessão de culturas. Unificando sob um mesmo império toda a região andina, incorporando áreas que fazem hoje parte do Equador, Peru, Bolívia e Chile, os incas, tal como os romanos, assimilaram as culturas que os precederam e estenderam seu poder através de uma rede de estradas habilmente construídas. Contando com elaborados sistemas de reabastecimento que possibilitavam acumular alimentos em silos de pedra, ao longo dos caminhos, conseguiam assim manter unido esse império de grande extensão. Não conheciam a roda – que nesse relevo acidentado teria sido inútil – nem a escrita. Sua história, transmitida oralmente, pôde ser resgatada, pelo menos em parte, graças aos registros feitos por cronistas espanhóis após a conquista, no século XVI.

Por uma ironia da história, os incas perderam seu império por culpa de uma profecia que falava sobre a chegada, num tempo futuro, de deuses de pele clara, com barbas, que viriam do mar. Em 1533 Francisco Pizarro, enviado do rei de Espanha, à frente de um grupo sanguinário em busca de ouro e prata, foi recebido amistosa e ingenuamente, pois preenchia, na medida, os postulados daquela profecia. Foi o fim do império, já dividido por lutas fratricidas. Em poucos anos, os templos de culto ao sol foram substituídos por igrejas cristãs e Cuzco, a capital inca, foi reformulada ao redor de sua Plaza de Armas, reconstruída segundo as normas arquitetônicas do invasor. Salvou-se, perdida nas florestas, Machu Picchu, só redescoberta em 1911.

Salvou-se também, desse grande império, a língua – o quéchua – falada ainda hoje pela população local. Algumas de suas palavras chegaram até o Brasil, entrando pelo sul, pelo contato com o idioma espanhol sul-americano, incorporando-se ao nosso português. Charque (carne salgada), chácara (campo lavrado), chucro (bravio) são os exemplos mais conhecidos. Mas foi na agricultura que os incas deixaram seu maior legado. A gastronomia incaica, que enriqueceu as mesas do mundo com a batata e o milho, ambos nativos dos Andes, oferece-nos ainda hoje outras especialidades locais. Nas montanhas se faz uma saborosa e nutritiva sopa com a quínua, cereal também nativo, enquanto as carnes de lhama e alpaca são bastante apreciadas, além do cui – espécie de preá – vendido já assado inteiro, por ambulantes, nas ruas e praças de Cuzco.

África Subsaariana

33. A cimeira da linha de frente

Luanda, Angola em guerra civil, maio de 1989

Contratado pela ONU para dar aulas no Ministério da Indústria da República Popular de Angola, presenciei ali alguns fatos que, não fosse pelo risco de morte que corria, mereciam ser acompanhados mais de perto. Cheguei a Luanda vindo de Viena, onde preparara o curso que iria ministrar, de "Projectos Industriais" (em Angola conserva-se a ortografia adotada em Portugal). Uma breve escala, à noite, em Lomé, capital do Togo, foi meu primeiro contato com a África subsaariana, sofrida, porém bela e amistosa para nós, brasileiros. Em Angola fomos recebidos, meu colega de missão e eu, como irmãos mais experientes de além-mar, que vinham trazer conhecimentos técnicos para um grupo de funcionários selecionados de vários organismos governamentais.

Angola, a mais rica e vasta colônia portuguesa, proclamara-se independente, emancipando-se às pressas da metrópole, logo após a Revolução dos Cravos, que mudou o regime português em 1975. Essa independência, todavia, não se fez sem luta, logo transformada numa trágica guerra civil cujas conseqüências são sentidas ainda hoje. Seu território, rico em petróleo e diamantes, foi praticamente retalhado por grupos rivais sustentados pelas armas da Guerra Fria, afiladas por profundas divergências tribais. Não dispondo de qualquer estrutura econômico-social remanescente da época colonial, Angola fez-se assim presa fácil de grupos paramilitares, entre os quais sobressaía a Unita, chefiada por Jonas Savimbi e apoiada pelo regime racista da África do Sul. Uma base naval soviética, instalada em uma ilha fronteira ao porto de Luanda, e tropas cubanas sustentavam, por seu turno, o governo comunista estabelecido e suportado pelas FAPLAs – as forças armadas populares de libertação de Angola. Os países vizinhos, incluindo-se o Zaire, governado com mão-de-ferro por Mobutu, o Zimbábue, a Zâmbia e outros mais, eram menos instáveis, pois não tinham a guerrilha às portas de suas capitais. Esse era o quadro geopolítico na África austral naqueles anos finais da Guerra Fria, quando ali cheguei para ministrar um curso que duraria todo um mês.

Pois foi justamente durante esse mês, em maio de 1989, que um encontro em Luanda reuniu os presidentes dos países africanos que haviam constituído uma linha de defesa para contrapor-se à influência militar e econômica da República da África do Sul. Esta ocupava então, com suas tropas, o sul de Angola e toda a Namíbia, país cuja independência determinada pela ONU os sul-africanos não reconheciam. Essa reunião de chefes-de-estado, que trouxeram consigo, para protegê-los, pelotões de suas próprias guardas de segurança pessoal, foi denominada de Cimeira da Linha de Frente (cimeira é, no português local, o equivalente ao que chamamos no Brasil de reunião de cúpula). O Hotel Presidente, o melhor da cidade e no qual se hospedavam os estrangeiros, transformou-se, assim, da noite para o dia, na residência de sete presidentes africanos e de suas escoltas pessoais, cada uma protegendo seu respectivo mandatário contra os riscos da guerrilha local e, seguramente, contra os movimentos de dissensão interna que grassavam em seus próprios países. Todos esses governantes haviam galgado o poder através de golpes de estado e nosso hotel se convertera, assim, num bom cenário para se perpetrarem atentados de toda espécie.

O movimento à porta do hotel era, durante o dia, bastante estimulante para um correspondente de guerra. Para um consultor industrial, no entanto, essa experiência cheirava a suicídio. Compunham a cena: automóveis blindados protegidos por grupos armados, negociantes de armas, tripulações de vôos internacionais e, perdidos nesse cipoal, dois consultores da ONU preparando suas aulas. À noite a coisa piorava, pois na escuridão – misto de falta de energia e de *black-out* militar – grupos armados, alguns deles camuflados, zelavam pela segurança de seus respectivos chefes ocupando os quarteirões que circundavam o hotel. Falando entre si línguas tribais, pouco se interessavam em se fazer compreender pelos demais grupos. Meu colega de missão, um paraguaio que, além de não falar o português, não fazia nenhum empenho em aprendê-lo, julgava-se seguro com o seu inglês, para a eventualidade de ser inquirido por esses guarda-costas de plantão.

A cimeira transcorreu, para nossa surpresa, sem maiores incidentes. Pela manhã todos os presidentes, com seus séquitos, partiam em comboio, do hotel para o Palácio Presidencial, onde se reuniam com o anfitrião da Conferência, o presidente local. Ao longo das ruas principais, tropas de segurança impediam a circulação de pedestres, enquanto patrulhas de homens-rãs, em barcos inflados, buscavam explosivos que pudessem estar dissimulados ao longo do cais – parece que nunca acharam nada. Nesse ambiente de tensão, colocar a mão no bolso no momento em que passava uma dessas comitivas em seus carros em disparada era, para um transeunte desavisado, uma sentença de morte quase certa. O que mais nos impressionava, todavia, é que em meio a esse pandemônio nossas aulas prosseguiam, com a presença maciça e grande dedicação de nossos alunos, acostumados, há anos, a ter a vida por um fio.

Nosso curso incluía conceitos básicos de desenvolvimento industrial, que certamente viria a florescer após o fim das hostilidades, só não se sabia quando. Os alunos, atentos e diligentes, anotavam tudo que sugeríamos e foi com surpresa que vimos rechaçarem uma idéia que, a nosso ver, poderia trazer benefícios imediatos à combalida economia e ao desemprego que afetava a toda população. Para fazer face à dramática falta de matérias-primas que paralisava a indústria local, nossa proposta de reciclar materiais e aproveitar a sucata metálica que se espalhava por toda a cidade – veículos velhos, muitos incendiados, máquinas abandonadas, estruturas demolidas – foi de imediato rejeitada, por ser ilegal. Soubemos então que, por força de lei, toda sucata era considerada item estratégico, de propriedade do Estado, pois poderia servir à guerrilha para fabricar armas e veículos blindados. Da nossa ingênua sugestão não se aproveitavam nem as latinhas de cerveja dispersas a esmo pela cidade.

Numa das noites da cimeira, ao regressarmos de um jantar no edifício da ONU, situado a poucas quadras de distância, meu companheiro e eu fomos impedidos de entrar no hotel pelos robustos seguranças do sr. Mobutu. Talvez fossem aqueles mesmos seguranças que, anos mais tarde, com a queda de seu regime, foram linchados e trucidados pelos vencedores nas ruas de Kinshasa – cenas sangrentas transmitidas para todo o mundo pelas cadeias internacionais de TV. Não houve forma de explicar a esses senhores que nós também éramos hóspedes do hotel. "Que hóspedes são esses que não trazem sua guarda pessoal?" – devem ter pensado! Meu companheiro ensaiou argumentar em seu inglês e até tentou o espanhol – nada! E foi então que, recordando-me da velha geografia da África colonial e ao dar-me conta que o Zaire era o Congo Belga do passado, parlamentei em francês com nossos interceptadores. Embora falassem um dialeto próprio, quase incompreensível, por sorte o salvo conduto que a ONU fornece a seus consultores nesse tipo de missão tem dizeres também em francês. Foi nossa salvação! Com mais um pouco de conversa, boa mímica e um rasgo de lucidez da parte dos rapazes do sr. Mobutu, alguns minutos depois estávamos de volta ao hotel para um justo e merecido sono.

A cimeira da linha de frente terminou sem mortos nem feridos. A paz – ou melhor, a guerrilha local – voltou a Luanda. Prosseguimos nosso curso sem maiores sustos até que, dias depois, ao anoitecer, minutos antes de sairmos do hotel para, como sempre, jantar no restaurante da ONU, um grande estrondo sacudiu todo o quarteirão. Muitos vidros do hotel partiram-se sob o impacto de uma bomba. Hóspedes gritavam em desespero e um americano com uns dois metros de altura, funcionário de uma empresa petrolífera, ainda ensaboado e tremendo muito, corria envolto numa toalha (de rosto!) por um dos corredores. Descemos rápido pelas escadas de emergência do hotel e, por uma janela sem os vidros, constatamos que o prédio vizinho, ocupado pelos escritórios de uma empresa que explorava petróleo em Cabinda, província do norte do país, fora pelos ares. Parece que ninguém morreu. Dos escritórios nada sobrou além de móveis de aço retorcidos. Passando ao largo e desviando dos escombros na calçada, decidimos prosseguir para o restaurante mesmo nessa situação de pânico, pois afinal o estrago já estava feito. Naquela noite, como fora anunciado de véspera, serviriam lagostas à vontade, por um preço fixo e simbólico. A fome com o susto apertara. Tomamos nossos lugares no restaurante e, com guardanapos amarrados no pescoço, começamos a refrega gastronômica. Meu colega paraguaio comeu, naquela noite, oito lagostas e conseguiu sobreviver também a mais esse atentado!

34. O príncipe swazi

África austral, julho de 1990

Viajei a Moçambique integrando uma missão de cooperação técnica bilateral, coordenada pelo nosso Itamaraty, para oferecer ajuda àquele país de língua portuguesa assolado por uma guerra fratricida que já durava anos. Sua capital, a antiga Lourenço Marques, hoje rebatizada Maputo, cativou-nos logo à chegada. Com ruas de bom traçado e edifícios de governo bem planejados pelos portugueses que a construíram à beira-mar, Maputo tinha então um Centro Cultural Brasileiro recém-inaugurado por nossa embaixada local, na parte mais central da cidade. Ali realizamos conferências, encontros técnicos e até participamos de uma noite de autógrafos da escritora local Lina Magaia, que lançava um livro triste, sobre a guerrilha que controlava todo o país à exceção da capital. A região costeira do país, com suas praias sobre o Oceano Índico, não aparentava devastação e as áreas florestadas, vistas de avião, tinham poucos sinais de desmatamento. A população, muito pobre e demonstrando boa índole, recebeu-nos com amizade e interesse em nossas propostas de cooperação. Lembro-me de uma delas: ensiná-los a industrializar o suco do caju. Tendo essa fruta em abundância, os empreendedores locais jogavam fora o fruto e exportavam somente as castanhas.

Cumpridos os compromissos oficiais e estabelecida uma pauta de projetos exeqüíveis para um país pobre, mas com mão-de-obra farta, resolvemos, eu e alguns colegas da missão, dedicar um fim de semana a visitar um país vizinho, o reino da Suazilândia, habitado pela etnia swazi. Sem acesso ao mar e encravada entre a República da África do Sul e a República de Moçambique, a Suazilândia é um pequeno país com uma boa integração étnica e algumas tradições herdadas dos colonizadores britânicos, que incluem uma suprema corte e um parlamento. Na Suazilândia os membros da família real são facilmente identificados por uma pena vermelha, chamada de *lusiba* no idioma local, que usam espetada nos cabelos no topo da cabeça. Essa pena é extraída de um pássaro raro na região, o iGwalagwala, cujo nome científico é *Knysna loerie*. O rei Mswati III, polígamo, possui um harém de mais de dez esposas, que procura renovar constantemente.

Chegamos à noite no aeroporto de Matsapa, distante uns 30 quilômetros da capital, Mbabane. Alugamos um carro e partimos para o hotel já reservado. Estávamos de fato nos hospedando em um magnífico *resort*, com campo de golf e cassino, freqüentado por sul-africanos ricos (na vizinha África do Sul de então o jogo era estritamente proibido). Nosso carro, um Toyota japonês, apesar de novo, destoava das Mercedes e BMWs que lotavam o estacionamento do hotel.

Foram dois dias de visitas a reservas de animais nativos, parques nacionais e até um museu histórico e etnográfico muito bem cuidado. Num safári fotográfico, montados no clássico Land Rover que nos relembrou o filme *As neves do Kilimandjaro*, vimos à solta só os animais não carnívoros. Os carnívoros, por razões óbvias, requerem mais cuidados na visitação. Lembro-me dos rinocerontes brancos (se não forem molestados não atacam, mas assustam-se facilmente com o fogo, tornando-se incontroláveis), elefantes, zebras e girafas. E lembro-me também de uma girafinha recém-nascida, com um defeito numa das pernas e que, por esse motivo, seria sacrificada naquele mesmo dia, informou-nos o tratador. A proteção à fauna nativa era estritamente observada. Disparos, somente os dos *flashes* das câmeras fotográficas que todos portávamos.

Exploramos também a tradição culinária local, sofisticada, e freqüentamos *pubs* e uma taverna inglesa que, em plena África, lembrou-nos Charles Dickens! Mas a experiência que mais nos marcou foi um almoço numa clareira de floresta, em um acampamento com barracas e lampiões de querosene dignos de um daqueles antigos filmes de Tarzan! O menu incluía bifes de carne de búfalo, lingüiça de kudu – uma espécie de antílope local – e pão feito na hora, em uma forma metálica que se enterra no solo, rodeada por brasas de carvão. Para beber tínhamos a cerveja local, muito boa por sinal.

Numa tarde de domingo ensolarada, num belo final de viagem, regressamos a Maputo pela mesma linha aérea – a Royal Swazi Airways – num avião novo, um Fokker holandês muito bem cuidado. Estávamos já todos acomodados, prontos para decolar, quando um burburinho junto à porta de entrada nos chamou a atenção para um ilustre companheiro de viagem que chegava no último instante. Com cerca de um metro e noventa de altura e muito mais de cem quilos de peso, estava embarcando um membro da família real, com sua vistosa pena vermelha na cabeça. O pessoal de cabine lhe concedia uma atenção muito especial e o comandante veio saudá-lo à entrada da aeronave. Portava uma pasta de executivo, de couro preto, impecável e, como indumentária, tudo que vestia era... uma pele de leopardo na cintura. Nada mais! Seus pés descalços – calçaria 48 ou 50 bico largo, como se dizia antigamente – faziam um peculiar rangido no corredor central da aeronave. Sentou-se lá ao fundo – o vôo era de classe única.

Voando alto sobre Moçambique para não atrair mísseis terra-ar lançados pela guerrilha, aterrissamos de regresso em Maputo, sãos e salvos. O Hotel Polana, onde estávamos hospedados, é um belo hotel clássico do tempo do domínio português, localizado na Avenida Julius Nyerere. O melhor da cidade, próximo ao palácio presidencial e ao setor das embaixadas, encravado num promontório à beira-mar com grandes jardins mirando o Oceano Índico, o Polana oferecia aos domingos um inesquecível almoço ao ar livre, que reunia todos os visitantes estrangeiros numa algaravia de idiomas e mescla de trajes típicos. Mas, desdenhando toda essa nobreza do local, o táxi que tomamos no aeroporto colocou-nos numa enrascada: seu freio de mão não funcionava e para conseguir pará-lo na rampa da entrada principal do hotel, não houve outro jeito senão os passageiros, solidários, segurarem firme o velho carro, "no braço", enquanto o motorista desligava o motor retirando a chave do contato para, correndo, abrir o porta-malas e retirar nossa bagagem. A chave era uma só!

Ao ingressar no saguão do Polana, quem vemos fazendo seu registro de hóspede? O príncipe swazi! Fico acanhado em lhe pedir uma foto – não tenho por hábito explorar as monarquias –, mas um casal de jovens italianos, em lua-de-mel, tem a coragem que não tive e pede uma foto com Sua Alteza. Tomo então carona com minha câmera e fotografo os três!

Na manhã seguinte, acordo bem cedo, vou para os jardins apreciar o nascer do Sol no Oceano Índico e deparo com outro madrugador como eu: de terno de casimira inglesa do tipo risca-de-giz, sapatos de cromo alemão e sua pasta de executivo, o príncipe preparava-se para tomar seu *breakfast*. Todos os garçons, sem exceção, reúnem-se a seu redor para atendê-lo. Nós, hóspedes não nobres, aguardávamos com paciência sermos servidos, mas aproveitávamos para contemplar esse interessante exemplo de adaptação tribal aos trajes dos executivos e a demonstração explícita de diferença de classes num país naquela época ainda socialista. Entendi então que a pele de leopardo da véspera era apenas um "traje esporte", mas a pena vermelha lá estava, no topo da cabeça do gigante civilizadamente engravatado.

35. O Hotel do Sr. Reinhold

Cidade do Cabo, África do Sul, julho de 1990

De regresso ao Brasil, depois de passar duas semanas em Moçambique, decido-me a esticar minha viagem e conhecer um pouco da África do Sul, país que apenas sobrevoara ao chegar do além-mar. Alguns dias em Joanesburgo dão-me uma clara idéia da importância da mineração para esse país de contrastes. Montes cônicos de rejeitos das minas de ouro que deram origem à metrópole distribuem-se por todo o horizonte da cidade. Pode-se descer ao fundo de uma dessas minas, desativada e aberta aos visitantes, inserida no conjunto de construções típicas que compõem a Gold Reef City, uma pequena "Disneyland", concebida para mostrar as tradições e costumes locais. Danças de nativos zulus e demonstrações da fundição de lingotes de ouro atraem a atenção de visitantes curiosos como eu, que tentam também compreender os dizeres redigidos na língua afrikaans, um holandês arcaico, comparando-os com os mesmos dizeres em inglês. Essas eram as duas línguas oficiais de então. Com o fim do Apartheid (o sistema de segregação racial adotado durante muitos anos na África do Sul), os idiomas nativos foram também elevados à mesma condição de línguas oficiais. Adquiro, num antiquário, como lembrança, uma velha lança zulu, de ferro. Quantos brancos terá essa lança transpassado, na defesa do Transvaal contra a invasão dos europeus? Compro também um par de sapatos, que conservo até hoje, feitos com couro de kudu, um majestoso antílope local, com chifres espiralados (ao voltar à África do Sul alguns anos mais tarde, tentei comprar um novo par, com o mesmo couro, e fui admoestado pelo vendedor na loja: "Mas como, o senhor não sabe que o kudu é um animal protegido? Não se pode mais caçá-lo!" A proteção das espécies ameaçadas chegara ali também e a África do Sul já se preparava, sem o saber, para abrigar a Cúpula Mundial sobre o Desenvolvimento Sustentável, que se reuniria em 2002, nessa mesma Joanesburgo).

Passo uma tarde em Pretória, uma das capitais dessa nação original e tão colorida nas raças, nos costumes, nas flores, nos vinhos e na gastronomia. É curioso o fato de ter-se um país com três capitais simultâneas, uma para cada poder –

Executivo, Legislativo e Judiciário. Pretória, a capital executiva, oferece uma característica única no mundo: é arborizada com frondosos jacarandás originários, todos, de apenas duas mudas levadas pelos ingleses do Rio de Janeiro, conforme relatou-me um botânico local ao saber que eu era brasileiro. Graças a essa arborização incomum, durante a primavera a cidade exibe um colorido violeta-lilás em suas principais avenidas.

Mas a pérola da África do Sul está na costa do Atlântico, no extremo sul do continente – Cape Town, a capital legislativa do país. Faço um vôo interno partindo de Joanesburgo, sobrevôo Bloemfontein – a capital judiciária – e aterrisso no moderno e pouco movimentado aeroporto de Cape Town, para nós a Cidade do Cabo. Os táxis são poucos e logo partem todos, levando os passageiros mais ágeis. Sobra apenas um, já ocupado por três viajantes que se propõem a partilhar comigo a corrida até o centro da cidade. Que remédio! Não há outros táxis à vista. Arrisco-me, mesmo sob o olhar aparentemente pouco amistoso do motorista. As três raças principais que povoam o país ali estavam representadas: um branco de ascendência holandesa, um negro e um indiano. Mas que diacho, penso comigo, não estamos no país do Apartheid, da segregação racial tão condenada? Vejo que a falta de táxis resolve essa questão, pois todos se cotizam irmanados e logo partimos. No caminho indago de meus companheiros sobre um hotel que possam me recomendar. Dois deles não são da cidade e estão apenas indo tomar trens para o interior, na Estação Central. O terceiro, que é da terra, sugere-me um pequeno e modesto hotel, de um tal sr. Reinhold. É barato, pequeno, limpo e bem central. Aceito a sugestão e, chegando à cidade, apresento-me na recepção. Sou recebido pelo próprio dono que, ao saber que sou brasileiro, abre um largo sorriso e me explica: é alemão, depois da II Guerra emigrou para a América do Sul, tentou viver no Paraguai, morou alguns anos no Brasil, mas preferiu transferir-se para a África do Sul. A Cidade do Cabo de certa forma lembra o Rio de Janeiro, não tão bela, é verdade, mas tem ainda aquela atmosfera amistosa que caracterizava o Rio da década de 1950. Com muitas casas pintadas de branco e um agradável clima temperado, a cidade abriga uma população de cores variadas, muitos mestiços, frutos de longos anos de colonização holandesa.

Passo três dias muito agradáveis, percorrendo a cidade e seus arredores. Vou até o Cabo da Boa Esperança, aquele que já foi Cabo das Tormentas; escalo o Cape Point, ponto mais ao sul da península do Cabo (mas não da África, que é o Cabo Agulhas, também próximo); percorro a Praia Dias, assim chamada em homenagem a Bartolomeu Dias, navegador português que pela primeira vez contornou o cabo famoso; visito uma colônia de focas ao largo da costa atlântica e uma colônia de pingüins – sim, pois na África, para minha surpresa, existe uma espécie nativa de pingüins, que habitam algumas praias do Oceano Índico. De regresso à cidade, saboreio uma bela peixada no vilarejo de Fish Hoek, visito uma vinha e uma adega de excelentes vinhos – a Groot Constantia Tavern – e chego ao hotel já em tempo para o jantar. A África do Sul é uma bela surpresa gastronômica. Carne de avestruz, strogonoff de crocodilo, bife de girafa, lingüiça de antílope são algumas das iguarias que provei nesse país que também oferece um especial afrodisíaco, o licor de ovos de avestruz! O sr. Reinhold, solícito e hospitaleiro, convida-me a sua mesa, para partilharmos um bom vinho da terra com um amigo seu, também alemão e negociante de diamantes e ouro. Falamos sobre o vinho sul-africano e aprendo que é um vinho tão francês como os bons franceses. Explica-se essa afirmação, algo pretensiosa à primeira vista, com a história da Colônia do Cabo, que deu origem à cidade. Seus fundadores foram os holandeses da Companhia das Índias, que aqui criaram um posto para reabastecimento de seus navios na rota do oriente. Além de água doce, supriam-se também dos produtos agrícolas plantados em fazendas bens planejadas, estabelecidas por eles na região. Em tais fazendas, além de holandeses, também viviam franceses huguenotes, protestantes que buscaram na Holanda proteção contra as perseguições religiosas que sofriam na França de então. Além das hortaliças para combater o escorbuto dos marujos, esses franceses também trouxeram suas vinhas. E é por isso que o bom vinho da região mantém, depois de vários séculos, essa origem bem francesa que ainda hoje ostenta.

Após algumas taças de um vinho tão especial, o sr. Reinhold falava animada e livremente sobre os mais variados assuntos, da extração dos diamantes às recordações que tinha do Brasil dos anos 1940. Num dado momento, pediu-me para olhar, discretamente, para uma mesa ao fundo do salão que reunia um grupo de freqüentadores brancos. – "Vê aquele jovem mais alto, à cabeceira? Pois é o filho do presidente da república! Costuma vir jantar aqui com seus amigos". Na mesa ao lado, um grupo de convivas mestiços e negros também jantava, ouvindo músicas em alto volume e falando em seu dialeto. Essa presença, no mesmo recinto, de raças diferentes, era contrária à lei do Apartheid, porém o dono do hotel fazia vista grossa. Até hoje tenho dúvidas se o sr. Reinhold estava dizendo a verdade, ou se foi o vinho que o influenciou a fantasiar essa história. Ou será que fora eu o afetado pelo vinho?

Não tenho como comprovar essa experiência que vivi em 1990, mas passados oito anos, quando voltei a Cape Town, a segregação racial já não existia. Nos restaurantes todas as raças se encontravam. O movimento noturno da cidade se deslocara para o Waterfront, elegante área de comércio e diversões construída em torno das velhas docas da cidade. A conservação do meio ambiente era preocupação de todos. Foram-se os velhos trapiches, com suas ratazanas fuçando o lixo, chegaram as lixeiras coloridas da coleta seletiva. Mas, de passagem pelo centro antigo, vejo-me novamente diante do hotel no qual me hospedara vários anos antes. Da calçada observo o interior do restaurante e lá está o sr. Reinhold, mais gordo, porém sempre falante e sorridente. Penso em abordá-lo, mas um amigo me chama, pois um táxi nos espera para levar-nos ao moderno hotel que nos hospedava dessa vez. Ao embarcar no táxi, de relance, ainda vejo *Herr* Reinhold bebendo seu bom vinho francês-sul-africano. *Santé, Monsieur* Reinhold!

36. Expedição ao Lesoto

África austral, setembro de 1998

Poucos são os viajantes que se aventuram até o Lesoto, um reino distante além das montanhas Drakensberg – as Montanhas do Dragão –, que acompanham a costa leste da África do Sul e são um equivalente local da nossa Serra do Mar.

Estava participando de um congresso em Durban, uma bela cidade encravada nessa costa e decidi aproveitar melhor um daqueles dias em que nenhum dos temas que serão apresentados no plenário nos interessa mais de perto. Busco num mapa quais são os pontos de atração localizados a uma distância tal que me possibilite estar de volta no dia seguinte, quando terei que apresentar um trabalho meu em uma das sessões técnicas do congresso. Identifico, a oeste de Durban, ligado a esta por estradas que no mapa me parecem boas, o Lesoto (pronuncia-se lesuto), país independente, sem acesso ao mar e cercado, em todas as suas fronteiras, pela República da África do Sul.

A viagem até o Lesoto, feita por terra, possibilita conhecer um pouco da província de KwaZulu-Natal (onde está localizada Durban), e que se estende para o norte até a fronteira da África do Sul com Moçambique. A região litorânea é rica em praias, parques e marinas. A oeste, nos contrafortes das montanhas Drakensberg, espera-nos o imponente passo Sani, que só pode ser vencido por uma sinuosa e arriscada estrada de terra, construída originalmente para dar passagem a tropas de mulas e que somente em 1948 foi percorrida, pela primeira vez, por um veículo automotor.

Parto de Durban muito cedo, num microônibus, em companhia de três colegas congressistas, rumo à aventura. Passamos por Pietermaritzburg, capital da província, atravessamos as colinas de Underberg e chegamos finalmente a Himeville, localidade de onde baldeamos para um robusto jipe Land Rover com tração nas quatro rodas. Com carroceria aberta e capota de lona recolhida, para ser utilizada somente em caso de chuva (que felizmente não veio), nosso transporte partiu sob o comando do próprio dono da operadora que nos fora muito bem recomendado. Arthur Champkins, esse seu nome, já foi gerente de uma empresa multinacional em Joanesburgo e decidira trocar a vida de executivo pelas aventuras nessas montanhas, nas quais pode nevar em qualquer dia do ano e onde a temperatura sempre convida ao uso de um agasalho. Ao saber que éramos brasileiros, lembrou com entusiasmo as temporadas que passou em São Paulo e em São José dos Campos, a serviço dos seus patrões de então. Aboletei-me no alto da carroceria do Land Rover, com um ângulo de visão de 360 graus. Dali poderia ver, sem empecilhos, toda a paisagem, os picos nevados e até as águias que, em círculos suspeitos, tomando-nos por presas fáceis, sobrevoavam-nos durante o percurso.

Num modesto posto de fronteira, antes de encetarmos a efetiva subida para vencer o passo, apresento meu passaporte e ganho mais um carimbo, daqueles bem estranhos – Reino do Lesoto! São carimbos que levam os funcionários de alfândegas ditas "mais civilizadas" à nos olhar com ares suspeitos, imaginando-nos contrabandistas de... sabe lá Deus o quê! A ascensão é lenta e cautelosa. Curvas fechadas, despenhadeiros que assustam, pista de cascalho amarelado bem nivelada apenas na parte ainda plana do percurso. Vegetação de savana e, de quando em vez, um grupo de árvores. À medida que subimos a vegetação vai raleando, cedendo lugar a um solo rochoso e seco. Finalmente, na altitude de 2.874 m acima do nível do mar, topamos com o Sani Top Chalet, um pequeno bar que anuncia orgulhosamente, numa tosca tabuleta, sua condição única de ser o *pub* mais alto da África. Tomo uma cerveja local em homenagem ao fato. Saborosa e fria, como o clima local.

Os habitantes do Lesoto, os basutos, vivem enrolados em grossos cobertores que os protegem literalmente da cabeça aos pés, daí serem também chamados de "Povo dos Cobertores". Consigo resistir à tentação de comprar uma dessas mantas, feitas de lã grossa e de peso assustador, que exalam um peculiar odor de cachorro molhado. As casas de moradia são cilíndricas, têm as paredes feitas com pedras irregulares que abundam na região e são cobertas com telhados cônicos, feitos com o capim que cresce de forma esparsa no planalto que se estende por todo o reino. O interior dessas palhoças é escuro e enfumaçado, como resultado da tradição de cozinhar no próprio chão de terra batida, dentro de um buraco circular que ocupa o centro geométrico dessas estranhas moradas. Sou convidado para visitar o interior de uma dessas "casas" e sua dona, envolta no indefectível traje nacional – o cobertor –, me convida para comer do pão que acabou de assar no chão. Saboroso e ainda quente, é chamado de *behobe* na língua local.

Tento conversar com os jovens que me cercam. Todos falam o sesotho, língua bem distinta do idioma dos zulus. Não consegui aprender mais do que umas poucas palavras: – *Ktotso*! (paz!) – *Ho-joang*? (como está você?) – *Ke hantle*! (estou ótimo!) – mas sorrisos de parte a parte nos asseguram que somos, todos, gente de bem. A hospitalidade que recebo desse povo tão modesto me faz pensar na solidariedade genuína e pura que sempre encontro entre as pessoas mais simples e sofridas que tenho conhecido por esse mundo afora.

Chega finalmente a hora de retornar à planície. O frio é intenso, apesar de estarmos em plena primavera. Despeço-me dos amigos basutos e do seu reino do céu, outrora chamado simplesmente de Basutoland – a terra dos basutos. A descida é mais fácil e chegamos rapidamente à planície, ao mesmo posto de fronteira por onde entramos. Ganho novo carimbo em meu passaporte, companheiro silencioso de tantas aventuras. A visita ao Lesoto foi curta e mesmo assim escapamos por pouco de grandes dissabores, pois transcorrido apenas um dia de nosso regresso o posto foi fechado! De volta a Durban, com grande surpresa, leio as manchetes dos jornais: "Golpe de Estado no Lesoto! Tropas sul-africanas invadem o país! Choques armados estão ocorrendo na capital, Maseru, agora sob toque de recolher! Fechadas as fronteiras!". Saíramos na hora certa desse estranho reino das montanhas, por alguns também chamado de "Tibete da África".

37. Um balão na África

África do Sul, setembro de 1998

A África é uma terra mágica cujas luzes e cores me fascinam. Nas diversas oportunidades em que lá já estive encantei-me com suas paisagens agrestes e seus povos, tão variados. Luanda e Maputo, expressões locais de nossa língua portuguesa, o cabo da Boa Esperança, Durban com suas praias, as imponentes montanhas Drakensberg que atravessei escalando o Passo Sani para chegar ao reino do Lesoto a três mil metros de altitude... São lembranças que se somam agora a uma experiência ímpar, tida com o "mais leve que o ar" de Tony Corrie, numa límpida manhã de primavera.

Hospedado na cidade de Sun City, no hotel The Palace, tido como o único hotel seis estrelas no mundo e construído em plena savana ao norte de Joanesburgo, vejo da sacada de meu quarto, cruzando os céus ao amanhecer, um balão de ar quente com sua cestinha de vime. Descubro, mais tarde, que esse êmulo de Santos Dumont leva turistas para verem, ao nascer do dia, os animais em seu hábitat próprio. Não resisto à tentação de participar dessa experiência e inscrevo-me para a próxima partida, marcada para o dia seguinte. Vem buscar-me no hotel, às quatro horas da manhã, o guia Moses. Temos que aproveitar o ar frio da manhã, que dá maior empuxo ao balão aquecido, explica-me ele. Bela expressão da etnia zulu, culto e sorridente, Moses conta-me que é biólogo por profissão e que atua como guia para poder custear o seu mestrado. Com uma arma pronta e engatilhada com balas anestésicas, para enfrentar algum animal que nos ataque, partimos em um jipe Land Rover para o local da decolagem. Com os primeiros albores do dia chegamos a um descampado, onde identifico um grupo de pessoas seguindo as instruções de Tony, o dono do balão: estão inflando-o com ar quente. Enquanto chegam os outros passageiros – um casal belga e um casal norte-americano –, o balão vai tomando forma e ergue-se, esférico, sobre a mata rala. Seu registro é SZ–HYM e o prefixo SZ denota que está matriculado na África do Sul. Tony, inglês e aventureiro, conta-nos que já entrou com seu balão no grande poço da mina de diamantes de Kimberley – o maior poço do mundo – e conseguiu sair!

Ainda em jejum, partimos quando os primeiros raios do sol cortam a grande planície. Essa é a primeira experiência dos cinco passageiros nesse inusitado meio de transporte, que só tem de certo o ponto de partida. A chegada será aonde as correntes de ar, ascendentes ou descendentes, e os ventos nos levarem. Os queimadores de gás são abertos ao máximo. O balão se eleva e deixa o solo. O calor sobre nossas cabeças, provocado pela queima do gás, é intenso e lamento não ter trazido comigo o boné que até então só utilizava para me proteger do sol. Logo estamos sobrevoando, a baixa altura, um lago no qual vejo, emersas, algumas rochas negras e arredondadas. À nossa passagem, elas se movem! Um grupo de hipopótamos, assustados, mergulha rapidamente – não eram rochas!

As condições atmosféricas para o vôo estão propícias e subimos mais e mais. Tony explica-nos que pegamos uma forte corrente ascendente. Do alto vemos grupos de animais que pastam ou se deslocam em tropel pela savana. Indago de nosso comandante que animais são aqueles e ele me explica, didaticamente: – "Pelo comprimento de suas sombras projetadas pelo sol nascente, aquelas são girafas – sombras muito longas – e aquelas outras devem ser zebras – sombras mais curtas!" Uma intensa sensação de euforia e liberdade nos atinge a todos. Rimos como crianças. Navegamos assim por algumas horas, recebendo de Tony uma bela aula sobre a riqueza desse meio ambiente selvagem e ainda puro. A savana, que sobrevoamos lentamente, renova-se a cada ano com as queimadas naturais provocadas pelos raios que a atingem nas tempestades de verão. Essas paisagens me fazem recordar a Karen Blixen, escritora dinamarquesa autora do livro autobiográfico *Out of Africa*, transformado em um belo filme que, no Brasil, recebeu o nome de *Entre dois amores*.

Depois de flutuarmos, ao léu, durante duas ou três horas, começamos a baixar e pelo rádio Tony informa nosso curso à "equipe de resgate". Sim, resgate mesmo, pois ao pousarmos poderemos ser intrusos em algum grupo de animais selvagens. Por isso há que ter o apoio de terra para nos salvarmos de apertos, explica-nos. A aterrissagem se faz com certo choque. Todos se encolhem, protegendo bem a nuca, prontos para rolar dentro da cesta de vime que nos transporta. Uff, até agora tudo bem. Demos apenas uma cambalhota dentro da cesta, mas um rinoceronte solitário, a uns duzentos metros, espreita-nos. O Land Rover de Moses move-se rápido e nos resgata em tempo! Comemorando a bem-sucedida aterrissagem, uma garrafa de champagne e muito suco de laranja nos dão as boas-vindas de regresso ao planeta. Tony começa a recolher e dobrar o corpo do balão, que agora murcha por falta de calor, enquanto Moses sorri, com sua perfeita e alva dentição, tão própria de seu povo.

Como parte dessa aventura singular, um desjejum já nos aguarda em um rancho vizinho. A euforia ainda é grande e todos comentam a sensação de liberdade que se goza naquelas alturas que atingimos – mais de 2.000 metros. Depois de nos refazermos com o lauto *breakfast*, Tony solenemente entrega a cada aventureiro um pergaminho que certifica, em letras góticas, "termos tido a coragem de desafiar a lei da gravidade e de explorar a mais antiga forma de voar, flutuando, como nuvens, para observar a terra como poucos já o fizeram"...

Oceania e Antártica

38. Luau em Waikiki

Ilha de Oahu, Havaí, junho de 1969

Meu primeiro contato com a Oceania ocorreu num dia em que vivi duas vezes. Partindo do Japão à noite e voando várias horas para leste, amanheci no mesmo dia, em meio a um adocicado cheiro de abacaxi, ao aterrissar em Honolulu, no arquipélago do Havaí. A explicação para esse aparente absurdo cronológico é simples: ao cruzar-se a Linha Internacional da Data, que acompanha os 180° graus de longitude, do Pólo Norte ao Pólo Sul, muda-se de data para mais ou para menos, dependendo do sentido em que se viaja. No meu caso, o dia que já findara no Japão estava ainda começando no Havaí. O adocicado cheiro, por seu turno, se devia à industrialização dos imensos cultivos de abacaxi nessas ilhas, provocando uma sensação enjoativa naqueles que ali desembarcavam, mormente quando estão contra o vento que sopra das indústrias de enlatamento da fruta.

Recebidos com flores e guirlandas, oferecidas por simpáticas jovens nativas, eu e meus alunos tomamos logo consciência de que estávamos em um paraíso tropical. Depois de percorrer toda a Europa, atravessar a gélida Sibéria e visitar grandes empresas japonesas, numa viagem que já se estendia por quatro meses, julgávamos ser merecedores de umas curtas férias que durariam apenas três dias: dois reais e o dia virtual com que fomos presenteados.

O tempo estava favorável e não prenunciava chuvas nem tempestades tropicais. Os vulcões estavam calmos, nenhum em erupção como é comum nessas ilhas ainda em formação. Os ventos resumiam-se a uma refrescante brisa marinha. Waikiki, a mais famosa praia do arquipélago, é, para os brasileiros, uma decepção. Areia grossa e quebra-mares para conter a costa conferem-lhe uma imagem artificial. Nos parques gramados que margeiam a praia muitas famílias locais, de ascendência polinésia, reúnem-se em piqueniques. Percebe-se logo a descaracterização da cultura aborígine pela presença dos hambúrgueres e de outras especialidades gastronômicas típicas dos *fast-foods*. Também na música estão sendo suplantados os melodiosos temas locais, sob a influência dos ritmos latinos e africanos trazidos do continente (o Havaí é um estado norte-americano – o qüinquagésimo). Constata-se também aqui um fenômeno global, que afeta dos lapões aos esquimós, dos indígenas sul-americanos aos povos da Polinésia: a perda de seus costumes tradicionais e de muitas expressões da cultura local. Pena!

Alugamos um chalé capaz de abrigar todos os viajantes e partimos para conhecer esse paraíso dos trópicos. Por mero acaso, travamos logo conhecimento com um nipo-americano – existem muitos nas ilhas – chamado Nagata. Já idoso (chegara à ilha, como imigrante, para ser agricultor, bem antes da tragédia de Pearl Harbor), Nagata se demonstrou logo de início um grande conhecedor da ilha, pronto a nos levar aos pontos de atração que julgávamos importante conhecer. Num microônibus, que não se soube onde arranjou, Nagata mostrou-nos muitos lugares pitorescos. Entre eles, a casa onde morou Robert Louis Stevenson, o escritor de livros de aventuras dos quais o mais famoso é, talvez, *A Ilha do Tesouro*. Fica em um bosque, numa das encostas da ilha. Um jardim florido, composto por plantas tropicais, circunda a casa, hoje um museu. Como reconhecimento de sua vocação literária, os nativos da Samoa, ilha onde Stevenson veio a falecer, apelidaram-no, na língua local, de *Tusitala* – "o contador de histórias".

Nagata levou-nos também a conhecer os luaus, festas gastronômicas organizadas nas praias pelos nativos, enriquecidas com a apresentação de danças tradicionais, e a um parque temático sobre a cultura polinésia, que se espalha pelos mares do sul. Mas preferiu não nos acompanhar a Pearl Harbor, a base naval norte-americana bombardeada pelos japoneses. Fomos sozinhos visitar o Memorial do Arizona, monumento construído no mar, sobre o casco naufragado do encouraçado desse mesmo nome, torpedeado em 7 de dezembro de 1941. Em seu interior jazem ainda os corpos de centenas de marinheiros e oficiais que não foram jamais resgatados, transformando o navio num ponto de culto e peregrinação como homenagem aos mortos da grande batalha. Seus reservatórios de combustível até hoje deixam escapar continuamente, para a superfície do mar, um tênue filete de óleo, formando uma grande mancha furta-cor que, segundo uma lenda, só desaparecerá no dia em que morrer o último sobrevivente do trágico naufrágio. Debruçado na amurada do memorial, vejo, com alguma dificuldade, os restos do navio, submersos nas águas rasas do porto. Esse óleo combustível que vaza do Arizona poderá ainda sobrenadar durante muitos anos ou poderá libertar-se de forma súbita, se o casco do navio sucumbir bruscamente à corrosão implacável causada por várias décadas sob as águas. Se isso vier a ocorrer, será o último impacto ambiental provocado pelo devastador ataque que mudou os rumos da II Guerra Mundial.

Três dias nos Mares do Sul passaram a galope e chegou o momento de partir para São Francisco, na Califórnia, nossa próxima escala. Nagata nos acompanhou até o aeroporto e ali, no balcão da companhia aérea, tivemos uma pequena amostra da globalização para a qual já caminhava o mundo naqueles anos iniciais da corrida espacial. Ao fornecer meu sobrenome à atendente de plantão para marcar o assento, notei que ela parecia distrair-se com um teclado que não tinha a respectiva máquina de escrever, ao mesmo tempo em que, parecia-me, assistia televisão numa telinha à sua frente! Depois de alguns segundos nessa aparente diversão, finalmente dirige-se a mim e pergunta: – "O senhor não está viajando só, correto? Pois 'nosso' satélite acaba de informar, através do monitor de vídeo aqui à minha frente, que viajam em sua companhia outros 11 passageiros, cujos nomes são..... blá, blá, blá". Todos os nomes estavam corretos, apesar da falta dos eventuais acentos e cedilhas! Nada de anotar em listas de papel, muito menos com papel carbono como era rotina até então. Percebendo minha surpresa e supondo, erroneamente, que eu me impacientara com a "demora" do atendimento, pediu-me desculpas: "É que nessa parte do dia, quando em Nova York está anoitecendo, nosso satélite fica um pouco congestionado e as comunicações tornam-se lentas. Desculpe-nos por essa falha involuntária e boa viagem a todos, Mr. Do Valle! *Aloha*!" Em menos de um mês assistiríamos ao vivo, ainda nos Estados Unidos, à partida da Apolo 11 com destino à Lua, numa evidência de que entrávamos numa nova era, na qual a máquina de escrever e o papel carbono já não teriam vez.

39. No umbigo do mundo

Ilha de Páscoa, Pacífico Sul, outubro de 2003

Distante mais de 3.500 km da comunidade humana mais próxima, a vila de Hanga Roa, na Ilha de Páscoa, no Pacífico Sul, é hoje um exemplo de zelo ambiental. Limpa, com ruas arborizadas e casario simples, porém bem ordenado, concentra a maior parte da população da ilha, da ordem de 3.600 almas. Mas essa boa imagem é recente e esconde uma das maiores tragédias ambientais de que se tem notícia. Considerada por alguns "a ilha mais ilha do mundo" e tida na tradição polinésia como "o umbigo do mundo", Rapa Nui, que no idioma local significa Terra (ou pedra) Grande, pode servir de exemplo para toda a humanidade, por ter sido devastada até quase a extinção de sua flora e fauna, daí resultando alguns danos irreparáveis a seus ecossistemas originais. A ilha está, todavia, sendo salva aos poucos, recuperando-se de sucessivos desastres ecológicos causados pelo homem. O esforço em prol da educação ambiental, promovida através de campanhas pelo rádio e nas escolas, aliado a um bom serviço de coleta de lixo que utiliza contêineres padronizados dispostos em toda a vila, demonstra a conscientização da sociedade local para um tema – a proteção do meio ambiente – que em épocas passadas quase levou à desertificação da ilha e à extinção de sua população.

Desembarco à noite, procedendo de Santiago, no aeroporto de Mataveri, único da ilha. Os que ali chegam são logo abordados pelos representantes dos hotéis e pensões locais, na esperança de conquistar mais um hóspede de última hora que não tenha sido previdente ao antecipar sua reserva. Um grupo de poloneses é logo arrebanhado por um dos hotéis. Oferecem-me, em inglês, francês e até em alemão – idiomas de turistas ricos – hospedagem nos hotéis mais caros. A disputa pelos hóspedes é grande e alguns preços bem salgados. Resisto, nesse processo de barganha, até encontrar, em um canto do salão de desembarque, duas irmãs nativas da ilha – Tereza e Fátima – que apenas com seu espanhol local estão oferecendo sua residência. Asseguram-me que vou gostar e me propõem um preço imbatível – apenas 12 dólares por dia de estada, incluindo farto desjejum. Fecho negócio e seguimos então, numa velha Kombi, até um recanto já fora da vila, que, sob uma iluminação parca, parece-me bem arborizado. As irmãs indicam-me um quarto, simples porém limpo e confortável, e damo-nos logo boa noite. Fichas de hóspede e procedimentos burocráticos são dispensáveis. Durante a noite sou acordado várias vezes pelo barulho de chuva torrencial e imagino-me já ilhado, duplamente, nessa lonjura do Pacífico, até que vejo clarear o céu. Levanto-me e, num ímpeto, preparo-me para explorar os arredores. A chuva passara e os primeiros albores do dia me indicam que estou em um verdadeiro oásis: árvores frutíferas, buganvílias, cães vadios que se coçam e um cavalo já selado completam essas primeiras imagens da ilha ao amanhecer. Não resisto à curiosidade e caminho na direção da praia próxima, até um grupo de estátuas perfiladas que fitam o sol nascente com seus olhos feitos de coral. Estou em pleno sítio arqueológico de Tahai, um dos mais interessantes da ilha. Com os primeiros raios de sol que iluminam essas estátuas centenárias surge, no oceano, um arco-íris e, logo a seguir, um segundo, menor e concêntrico com o maior – um fenômeno raro de ser observado. Em companhia de um cão que demonstra estar faminto, percorro uma ravina, caminhando sobre a grama ainda úmida. Cavalos selvagens pastam ao longe. O casario da vila, ainda iluminado, indica que estou, efetivamente, num fim-de-mundo (ou, segundo a lenda local, em seu umbigo). A construção mais alta da ilha, como iria conferir depois, tem apenas dois andares.

A Isla de Pascua, como é oficialmente denominada em espanhol, é de formação vulcânica e tem uma superfície de cerca de 180 km². Duas crateras de vulcões extintos – Rano Kau e Rano Raraku – represam a água das chuvas, freqüentes na ilha, formando pitorescos lagos. O relevo da ilha é ondulado, coberto por vegetação rasteira com um verdor que lembra a Irlanda. Não há rios na ilha e seu litoral rochoso e escarpado oferece poucos ancoradouros. Uma praia apenas é digna desse nome – a de Anakena –, com palmeiras, areia branca e ondas suaves, para a qual convergem nos dias ensolarados a população local e os turistas em busca de lazer.

Os primeiros povoadores chegaram à ilha entre os séculos quinto e sétimo de nossa era. Esses migrantes, navegando em longas canoas procedentes do oeste, encontraram um ambiente propício, com matas exuberantes, terra fértil e ausência de predadores naturais. Entretanto, a única marca que sua civilização deixou foram os moais – grandes estátuas monolíticas talhadas na rocha vulcânica – que prendem a atenção dos que visitam essa ilha singular. Por não ter registros escritos além de poucas gravuras rupestres e algumas dezenas de tabuinhas de madeira entalhadas, a história da ilha é objeto de lendas e fantasias, algumas místicas e até extraterrestres, que tentam explicar suas singularidades. A tradição oral também não pôde ter continuidade, pois a população da ilha, que no seu auge deve ter atingido de 6 a 12 mil indivíduos, reduzira-se a apenas 111 pessoas em 1877.

As mais de novecentas gigantescas estátuas – a maior delas deixada inconclusa, com 20 metros de altura – encerram dois mistérios: o objetivo de terem sido esculpidas e os métodos utilizados para seu transporte até os locais onde hoje se encontram. Dispostos sobre altares também de pedras – os ahus –, formando grupos variados em todo o perímetro da ilha, esses moais têm desafiado as intempéries e o vandalismo de seus próprios construtores. Por que foram esculpidos e para que serviriam? Ainda não se sabe ao certo, mas é curioso notar que, com exceção de sete moais voltados para o mar, todos os demais miram o interior da ilha, com suas faces longas, talhadas na pedra vulcânica com traços fortes, verticais, lembrando esculturas impressionistas ou pinturas de Amedeo Modigliani.

A faina hercúlea de esculpir e transportar essas estátuas foi interrompida, ao que parece, de forma brusca, por guerras tribais que devastaram toda a ilha no século dezessete. Nessa época as florestas de toromiro (*Sophora toromiro*), uma espécie endêmica da ilha, já sofriam a ação predatória do homem. As árvores eram cortadas, supõe-se, para serem usadas como roletes no transporte dos moais e, talvez, como alavancas para erguê-los sobre seus pedestais. As florestas remanescentes foram então queimadas, como vingança, por tribos rivais, eliminando assim a possibilidade de serem utilizadas na construção de canoas, selando o destino daqueles que pretendessem escapar da destruição ambiental que já afetava toda a ilha. Do toromiro local, hoje extinto, há espécimes vivos apenas em dois jardins botânicos europeus.

A ilha desconhecia inteiramente os mamíferos, até a introdução do *kio'e*, uma espécie de rato trazido nas canoas polinésias e usado como alimento pelos habitantes primitivos. Mas esses ratos acabaram por provocar outro desastre ao se alimentarem com os ovos das aves marinhas migratórias, sendo os responsáveis por uma grande redução de seu número na ilha. A pesca, base ainda hoje da dieta alimentar da população local, com o passar dos anos também sofreu o impacto da exploração predatória, o que provocou a extinção de várias espécies no século dezessete.

Rapa Nui já passava, portanto, por tempos difíceis quando, no domingo da Páscoa de 1722, teve seu primeiro encontro com o conquistador europeu e saltou, bruscamente, da Idade da Pedra (os nativos não conheciam os metais) para a era moderna. Nessa data o navegador holandês Jacob Roggeven estabeleceu contato com a população insular que, já enfraquecida pelas guerras fratricidas, passou a enfrentar, indefesa, um novo flagelo: as doenças trazidas pelo homem branco. A sífilis fez suas primeiras vítimas e encontrou campo fértil para se disseminar entre os nativos. Para completar essa sucessão de eventos trágicos, em 1862 piratas escravagistas procedentes do Peru capturaram mais de 1.500 indivíduos – algo como 1/3 da população local na época –, levando-os para o trabalho escravo nas jazidas de guano na costa peruana. Regressaram à ilha, como sobreviventes desse malfadado grupo, apenas 25 indivíduos que, infectados pela varíola, contribuíram para reduzir ainda mais a população remanescente (essa terrível moléstia só viria a ser oficialmente erradicada pela humanidade em 1980).

Finalmente, em 1888, após séculos de vicissitudes e destruição, a ilha foi formalmente incorporada ao Chile e passou a contar com a proteção do governo de Santiago, retomando lentamente uma trajetória de estabilidade e de reconstrução de sua sociedade. Um esforço para preservar o idioma local, de origem polinésia e ainda usado pelos habitantes mais idosos, alcançou um sucesso relativo. Já se ouve, nas ruas, falado até por crianças, esse idioma sonoro que esteve à beira da extinção total.

A Ilha de Páscoa vive hoje praticamente do turismo. Não dispondo de porto de mar nem de recursos naturais exploráveis, é administrada a partir de Valparaíso, no Chile continental. Três vôos semanais a ligam ao continente e dois prosseguem até a ilha de Taiti, na Polinésia Francesa, cuja população nativa tem a mesma origem étnica que os pascoenses. As florestas da ilha estão sendo aos poucos recompostas, mas são hoje constituídas por espécies exóticas – o eucalipto e o pinheiro estão sendo plantados em grandes extensões. Esforços também estão sendo feitos, embora até agora sem resultados práticos, para reintroduzir na ilha o toromiro. Os moais, que nas guerras tribais do século dezessete foram depredados e derrubados de seus pedestais, estão sendo paulatinamente reerguidos. Eles constituem o maior motivo de atração da ilha e a principal razão que leva os turistas a visitar esse recanto do mundo reconhecido pela Unesco como um Patrimônio da Humanidade.

Após alguns dias inteiramente dedicados a conhecer a ilha e a estudar sua apaixonante história, chegou a hora de partir e deixar a família que me acolheu em sua idílica residência campestre. Com a saudação tradicional iorana!, palavra que significa ao mesmo tempo "olá" e "até logo", despeço-me dos amigos que fiz durante minha permanência em Rapa Nui. Um vôo de cinco horas me levará a duas outras ilhas polinésias, Taiti e Moorea, sobrevoando a ilha Pitcairn – famosa por ter-se tornado refúgio para os amotinados do Bounty, veleiro inglês de triste memória – e o atol de Mururoa, celebrizado pelas experiências nucleares realizadas pelos franceses até recentemente naquele paraíso tropical.

Delimitada por um imenso triângulo que tem como vértices o Havaí, ao norte, Rapa Nui, a leste, e a Nova Zelândia, a oeste, a Polinésia é constituída por centenas, talvez milhares de ilhas que atraíram missionários, artistas e aventureiros de toda parte. Paul Gauguin, Robert Louis Stevenson e Thor Heyerdahl são, talvez, os nomes mais lembrados. Mas suas populações nativas, que a genética e a lingüística permitem hoje comprovar serem originárias das ilhas Marquesas – situadas justamente no centro desse grande triângulo –, constituem um edificante exemplo de integração do homem com a natureza. Uma natureza que, mesmo tendo sido tão maltratada no passado, ainda se mantém acolhedora nesses paraísos insulares.

40. Na terra dos kiwis

Nova Zelândia, outubro de 2003

País mais meridional do mundo, com vulcões ainda ativos e geleiras majestosas, a Nova Zelândia constitui uma sociedade laboriosa que goza de um elevado padrão de vida. Colonizada pelos britânicos somente a partir do século dezenove, não recebeu degredados, ao contrário da Austrália, sua vizinha mais próxima, e já possuía uma cultura nativa própria – a dos maoris – quando ali chegaram os primeiros colonizadores europeus. Na língua maori o país é chamado de Aotearoa – a terra da longa nuvem branca, expressão que rememora a visão inicial que tiveram os primeiros navegadores polinésios que até ali chegaram, vindos do norte.

Já no desembarque no movimentado aeroporto de Auckland, sua maior cidade, percebe-se o elevado grau de preocupação que esse país insular tem com o risco de introdução de pragas e doenças que possam afetar suas atividades econômicas predominantes, a agricultura e a pecuária. O mal da vaca louca, a febre aftosa e outras doenças que possam contaminar seus rebanhos e suas culturas são vistos como fantasmas pelos agentes alfandegários, que chegam ao rigor de examinar meticulosamente a sola dos calçados dos viajantes procedentes de regiões que consideram de alto risco, notadamente da África e da América do Sul. O ingresso de alimentos, mesmo os enlatados, de peças de madeira de qualquer espécie, incluindo artesanatos, e até de flores está proibido e é sujeito, no caso de comprovar-se uma declaração falsa, a pesadas multas e até prisão. Entre os passageiros que aguardam sua liberação para ingressar no país, circulam cães uniformizados (serão considerados funcionários públicos?), capazes de farejar os transgressores. Como precaução, declarei que tinha na minha bagagem uma flor – apenas uma – que ganhara ao embarcar no avião que me trouxe do Taiti. Era uma *Tiare tahiti*, a flor branca e amarela símbolo daquela ilha, que me fora presenteada por uma nativa polinésia. Mas não houve conversa: o funcionário do sistema de biossegurança neozelandês solicitou, sem tocá-la, que eu mesmo a dispusesse em um contêiner apropriado, que seguiria para incineração com outros produtos orgânicos trazidos por outros passageiros. Para aliviar a tensão dessa revista rigorosa, o funcionário que me atendia tece elogios à qualidade das botas que calço – depois de comprovar minuciosamente, com o auxílio de uma pinça, estarem suas solas limpas – e, amistosamente, confessa-me que também possui um par semelhante para suas excursões pelas montanhas locais que, segundo ele, eu não deveria deixar de visitar.

Vencida a barreira da biossegurança, tudo passa a ser fácil nesse país modelar. Busca de hospedagem, marcação de excursões, compra de passagens terrestres, ingressos nos museus (todos irrepreensíveis quanto à didática de suas exposições) – tudo feito sem atropelos, por atendentes sorridentes e de bem com a vida. Embora tenha sido constituída a partir de duas culturas bem distintas – os nativos maoris e os colonizadores britânicos –, a Nova Zelândia é também uma das mecas para a imigração asiática: chineses, vietnamitas e coreanos praticamente controlam o comércio nos centros das grandes cidades e a influência de sua gastronomia na alimentação local já é sentida.

Formado por duas ilhas principais – a Ilha do Norte e a Ilha do Sul –, o país é servido por boas estradas – tanto rodovias como ferrovias – e se constitui no eldorado do turismo para jovens adeptos dos esportes radicais. Saltar de 192 metros de altura do alto da Sky Tower – a terceira torre mais alta do mundo – suspenso apenas pelo tornozelo e aterrissar na calçada, em pleno centro comercial de Auckland, é uma proeza ao alcance de qualquer um que tenha boas coronárias e mais de dez anos de idade. A Ilha do Norte, mais industrializada e populosa, contrasta com a Ilha do Sul, pastoril e cortada dorsalmente pelos Alpes do Sul, cadeia de montanhas que vale a pena explorar. Sendo uma terra geologicamente jovem (em contraste com a vizinha Austrália, que abriga as rochas mais antigas da crosta terrestre), a Nova Zelândia é rica em fontes termais, gêiseres e fumarolas. Essas curiosas (e às vezes perigosas) demonstrações das atividades vulcânicas se concentram principalmente na Ilha do Norte, em torno de Rotorua, simpática cidadezinha que em 26 de janeiro de 2001 viu parte de um de seus parques mais centrais ir pelos ares, lançando lama quente, vapor e rochas a mais de 200 metros de altura. O parque já foi refeito e felizmente ninguém saiu ferido nessa inesperada e invulgar erupção urbana.

Livre de grandes predadores e de espécies exóticas introduzidas impensadamente pelos colonizadores, como ocorreu em outros países isolados, a Nova Zelândia tem sido bem-sucedida no que tange à preservação de sua fauna nativa. Muito rico em pássaros e aves marinhas, o país adotou o kiwi – ave nativa de hábitos noturnos e incapaz de voar – para ser seu símbolo nacional. Chamam ainda de kiwis os habitantes do país, alcunha que aceitam com orgulho, sem se ofenderem. E para aumentar a confusão, o kiwi é também uma fruta originária da Ásia e cuja produção em escala comercial foi desenvolvida pelos fruticultores neozelandeses. Kiwis, kiwis e kiwis!

Mas, se de uma parte a fauna nativa foi razoavelmente preservada, o mesmo não se pode dizer da flora, que para ceder espaço para as atividades agropecuárias foi em larga escala devastada. Nos dias de hoje os programas de reflorestamento se apóiam maciçamente em espécies exóticas, voltados para a exportação de madeira, sendo seu principal cliente o Japão.

A pecuária tem seu grande esteio na criação de ovelhas, que formam um rebanho de mais de 40 milhões de animais (algo como dez ovelhas para cada habitante humano!). O rebanho bovino, por seu turno, corre o risco de vir a ser taxado pelo fato de ser ruminante e constituir-se em uma fonte importante de geração de metano, um dos gases que mais contribuem para o aquecimento global. Se prosperar essa iniciativa ambientalista, a Nova Zelândia poderá se tornar o primeiro país a criar essa taxação sobre animais que contribuem para o efeito estufa.

Apesar de suas belas paisagens e da natureza pródiga, talvez seja através dos valores humanos que a Nova Zelândia melhor cative o visitante. Às 7 horas de uma manhã ventosa e fria, encontro Annie, uma jovem que, sentada no piso da estação ferroviária de Wellington, ostenta uma placa solicitando ajuda financeira para pagar o *ferry-boat* que cruza o estreito de Cook que separa as duas ilhas. Dou-lhe algumas moedas e peço-lhe para tirar uma foto que documente sua iniciativa. Um tanto encabulada, Annie concorda com meu pedido e explica-me que ainda é estudante e seu objetivo é chegar ao extremo sul do país, visitando as geleiras e os *fjords* que formam paisagens de beleza inexcedível nessa terra ainda em formação. Enquanto isso, na praça fronteira à estação, uma pequena banda toca animadamente canções escocesas tradicionais com suas gaitas de fole, para angariar fundos para alguma obra social.

Ao participar dessas cenas pitorescas lembro-me então de John Logan, que conheci num ônibus de carreira que faz a linha Auckland-Wellington. John, fazendeiro aposentado com seus oitenta e tantos anos, puxou conversa comigo de forma amistosa e simples como ocorre com freqüência nessas ilhas. Narrando-me com maneiras despretensiosas as viagens que fizera por todo o mundo, em pouco tempo já nos considerávamos velhos amigos e confrontávamos animadamente nossas vivências em lugares incomuns que havíamos percorrido antes de nos conhecermos. Ao chegarmos a Wellington, aguardava-o de carro uma de suas filhas, para levá-lo para casa. Ao vê-lo despedir-se de mim, que conhecera há não mais que duas horas, num simples ônibus interurbano, sua filha o interpelou: "Mas como, papai, vai deixar seu amigo ir para um hotel? Nada disso! Vamos levá-lo para nossa casa!" Em alguns minutos mais, estava eu confortavelmente instalado numa bela mansão nas colinas que circundam a cidade. O genro de John, engenheiro eletrônico, já nos aguardava. Jantamos, conversamos longamente sobre os neozelandeses e suas tradições e, na manhã seguinte, depois de tomar um farto desjejum preparado pelo próprio John, segui viagem para a Ilha do Sul. Descendo a colina, ainda acenando para ele que ficara na varanda, pensei na importância que têm a solidariedade e a fraternidade na promoção do entendimento entre as pessoas e povos desse nosso conturbado mundo.

41. O canguru e o Uluru

Austrália, novembro de 2003

À margem de uma estrada no sertão australiano, ao amanhecer, encontro um canguru morto. Fora atropelado, como outras centenas deles o são, à noite, hipnotizados pelos faróis dos veículos que os abatem sem querer. É uma das poucas imagens tristes que vi na Austrália, durante uma longa e fascinante viagem que me levou até o Uluru, imenso monólito como que brotando do deserto em plena zona central desse país-ilha-continente, e considerado sagrado por seus aborígines. Uma das características peculiares a essa rocha, também conhecida como Ayers Rock, nome que lhe deram seus descobridores europeus, é mudar de cor, do vermelho ao púrpura, passando pelo róseo e pelo azul, conforme a hora do dia e a posição do sol.

Rica em fauna nativa – constituída em boa parte por marsupiais –, a Austrália é um museu zoológico vivo, que ostenta espécies que somente ali existem. Os ornitorrincos ou *platypus*, ao mesmo tempo mamíferos e ovíparos, terrestres e aquáticos, peludos e com um bico que lembra um pato, foram, quando descobertos, considerados fraudes montadas pelos exploradores que os apresentaram, empalhados, aos círculos científicos da época. As diversas espécies de cangurus, de cores e portes os mais variados, chamam a atenção por seus saltos ritmados, enquanto aves em grande profusão – especialmente as cacatuas, papagaios e periquitos – alegram, com seus gritos estridentes, os cerrados de árvores retorcidas que recobrem grandes áreas do *hinterland* australiano, designado localmente por *outback*. Alguns predadores introduzidos pelo homem conseguiram, no entanto, afetar esse convívio pacífico e milenar. Entre eles destacam-se os dingos, cães selvagens introduzidos no continente há cerca de 4.000 anos, provavelmente pelos polinésios, e algumas espécies domésticas trazidas pelos primeiros colonizadores europeus e que, ao escaparem a seu controle, tornaram-se selvagens, como os gatos e os coelhos. Os ofídios locais são também dignos de menção: das dez serpentes mais venenosas do mundo, nove são nativas da Austrália. Uma delas é a "cobra tigre", que quase me levou desta para a melhor quando, por descuido, tropecei em uma num parque nacional. Salvou-me o guia que, ao vê-la, alertou-me em tempo do bote certeiro que viria.

As cidades australianas são exemplos de planejamento e correta gestão ambiental. Mesmo as maiores – Sydney, Melbourne, Adelaide – mantêm sistemas de transporte público com elevados padrões de qualidade e conforto. Em Sydney, trens suburbanos e eficientes linhas de *ferry-boats* ligam os bairros mais afastados com o centro da cidade. Um desses *ferry-boats* chama atenção por utilizar energia solar captada por células fotovoltaicas instaladas sobre seu teto. Melbourne conservou os bondes como transporte preferencial na sua zona central e inovou com uma linha circular, gratuita, que desestimula os usuários de entrarem com seus carros particulares na *city*. Adelaide por sua vez instituiu os ônibus circulares gratuitos e manteve uma tradicional linha de bondes que atende a suas praias.

Por ser um país com poucos corpos d'água de superfície – não possui rios importantes e seus lagos interiores não são perenes –, a Austrália precisa administrar com eficiência seus recursos hídricos. As fontes e chafarizes públicos estão na maioria desligados e a irrigação de suas culturas e até do jardim botânico de Sydney se faz, em grande parte, por gotejamento direto nos caules e raízes.

Embora constitua hoje uma sociedade que abriga correntes migratórias de outros continentes, até a década de 1970 o país adotava a política denominada "Austrália Branca", recebendo apenas fluxos migratórios europeus. Com a mudança dessa política, o país passou a receber um importante fluxo de imigrantes asiáticos, que dão hoje um colorido peculiar às áreas comerciais das principais cidades. E foi numa caminhada que fazia na praia de Saint Kilia, subúrbio de Melbourne, que tive comprovação do acerto dessa nova política migratória. Minha atenção foi atraída pelos letreiros de um pequeno e modesto restaurante-café, porém bem arranjado e limpo, que anunciava "Cozinha Contemporânea de Portugal e Goa". Entrei, examinei o menu e sentei-me a uma das mesas. Fui atendido pelo próprio dono, o Almeida, que pela tez morena e sobrenome luso demonstrava ser oriundo da antiga Índia Portuguesa, mais precisamente da região de Goa. Enquanto conversávamos, encomendei um dos pratos típicos anunciados – galinha desossada à moda de Goa, marinada ao alho, cebolas e sumo de lima. Para beber, Almeida me recomendou um vinho tinto australiano – são muitos bons os vinhos locais, produzidos desde 1840 por imigrantes, em sua maioria alemães. Conversamos longamente sobre a vida na Austrália e no Brasil. Almeida é um grande fã de nosso país, onde já esteve diversas vezes. Na visita mais recente, viajou de Belém a Manaus num barco-gaiola para conhecer melhor o grande rio e assistir a uma ópera no Teatro Amazonas. Tipo interessante esse Almeida que, ao me ver tentar pagar a conta, logo protestou: "Claro que não! Tuas despesas correm por conta da casa!" E passe muito bem.

Apesar de o continente australiano ter sido descoberto em 1642 pelo holandês Tasman, e sua posse para a coroa britânica ter sido efetivada em 1770, pelo capitão Cook, foi somente a partir de 1788 que passaram a ser trazidos da Inglaterra os primeiros "imigrantes": cargas humanas de condenados para cumprirem suas penas em prisões na região onde hoje se localiza Sydney. Mas tribos de aborígines, nômades, já vagavam por essas terras por mais de 40.000 anos antes da chegada dos novos colonizadores. Oriundas, acredita-se, do sudeste asiático, ficaram relegadas a um plano inferior com a chegada dos europeus, perderam suas terras e os sítios que consideram sagrados e sua população foi decrescendo, não ultrapassando hoje os 250.000 indivíduos. Os últimos nômades desapareceram na década de 1970 e hoje as comunidades de aborígines ocupam algumas áreas periféricas das cidades e vilas. Sua ocupação principal é o artesanato. As mulheres pintam, os homens em sua maioria trabalham objetos de madeira ou executam tarefas braçais. Sua resistência ao álcool é mínima. Explicaram-me que seus fígados e pâncreas têm volumes reduzidos se comparados com os dos ocidentais, pelo fato de se alimentarem, há milênios, principalmente de raízes e sementes de plantas nativas. Por isso, para proteger-se do etilismo, suas próprias comunidades instituem leis especiais que vedam a compra de bebidas alcoólicas por seus membros, independente da idade.

Alice Springs é a principal cidade do grande "centro vermelho" da Austrália (assim chamado pela cor de seu solo) e teve origem como um ponto de apoio à construção da linha telegráfica que uniria o norte ao sul do continente-ilha. Hoje Alice Springs é um centro regional de transportes rodo-ferroviários e ponto de partida para as excursões de turistas em visita à região. Perambulando por seus arredores numa tórrida tarde de verão (a temperatura local facilmente excede os 45°C à sombra!), deparei com três aborígines sentados à sombra de uma árvore (provavelmente uma das 500 espécies catalogadas de eucalipto, todas originárias do país). No grupo, uma mulher de cócoras pintava o que poderia ser um tapete para ser vendido como artesanato. A seu lado, vendo a mulher trabalhar e bebendo refrigerantes no gargalo das garrafas, dois homens conversavam. Um deles, mais alto, ao ver-me observá-los à distância, acolheu-me amistosamente e puxou conversa, em um inglês razoável. Lawrence era seu nome. Enquanto sua mulher, sem levantar os olhos, continuava a pintar um lagarto branco sobre fundo preto, Lawrence perguntou-me de onde eu vinha. Ao saber que era do Brasil, fez imediatamente a observação que todos sempre me fizeram na Austrália: "Pôxa, vindo de tão longe!" Expliquei então o que sempre fazia nessas horas: "Muito ao contrário, entre os estrangeiros aqui, sou um dos que vêm de mais perto. Muito mais perto do que da Europa, certamente, de onde vem a maioria". Lawrence fez uma cara de surpresa e dúvida ao mesmo tempo e eu pus-me logo a desenhar, num pedaço de papel, um círculo (a Terra), a Linha do Equador e, com dois pontos assinalei a posição aproximada de nossos dois países, ambos ao sul do Equador. A face de Lawrence se iluminou e ele concordou comigo de imediato (o tempo decorrido até sua reação de aprovação foi, acredito, mais curto do que a compreensão de alguns turistas mais instruídos do que ele, para os quais eu já fizera o mesmo desenho). Notando que seu companheiro mal entendia o que falávamos, Lawrence teve então uma atitude fraterna e paciente: tomou de um graveto que encontrou no chão e, na areia, repetiu didática e pacientemente minha figura: traçou o círculo, assinalou o Equador, marcou os dois pontos. Eu acabara de assistir a uma aula de geografia dada por um aborígine a seu companheiro, num idioma primitivo falado há milhares de anos e utilizando a areia como meio para desenhar. Pela face iluminada do "aluno", tenho certeza de que a lição foi bem aprendida.

Escalar o Uluru foi outra experiência invulgar de que participei. Apesar de ser considerado sagrado pelos aborígines, o imenso monólito pode ser escalado pelos visitantes, contanto que se mantenham afastados de alguns locais de culto e que sigam as trilhas demarcadas na rocha, para evitar acidentes que, com um pequeno descuido, podem ser fatais. Chegamos muito cedo, ao amanhecer, para fugir do calor abrasador do dia, liderados por Tony, um guia que conduz grupos de mochileiros pelo sertão australiano. Incorporei-me ao grupo já no deserto e senti-me à vontade no meio de 15 jovens e da Elisabeth, uma professora alemã aposentada, bem avançada nos seus setenta e poucos anos. Do grupo era talvez a mais ativa e resistiu bem às vicissitudes do deserto – levava sempre consigo uma garrafa d'água e uma minúscula mochila. A subida na rocha não é difícil – um corrimão com correntes ajuda os mais temerosos. O panorama visto do alto, a uns 300 metros do nível do deserto circundante, é majestoso e, por estarmos na lua cheia, assistimos quase ao mesmo tempo ao nascer do Sol e ao pôr da Lua (um eclipse da Lua ocorreria dois dias depois). A descida pela mesma trilha demarcada e com a ajuda das correntes como corrimão é, curiosamente, mais difícil do que a subida, pois as pernas já não querem obedecer ao corpo que sustentam, causando câimbras no final da caminhada.

Depois de três noites dormindo ao relento no deserto, sob o luar e o brilho das estrelas, usando apenas um saco de dormir feito de lona grossa, comum na região, o regresso a Alice Springs foi comemorado numa taverna que servia, além de toda a variedade de bebidas que atraem os australianos, um prato de carnes especial para viajantes incomuns, composto de apetitosos bifes de canguru, camelo, crocodilo e avestruz. Sobrevivemos todos.

42. No continente gelado

Antártica, dezembro de 2001

Um convite para conhecer o sexto continente, participando do Vôo de Apoio à XX Operação Antártica, é irrecusável. O Hércules C130, avião quadrimotor turboélice largamente utilizado em todo o mundo no transporte de tropas, estará pronto para decolar ao alvorecer do dia 26 de dezembro. De prefixo 2467, esse gigante da Força Aérea Brasileira vai nos levar do Rio de Janeiro até o Continente Gelado – do verão carioca ao gelo antártico – em três dias, com escalas para pernoite em Pelotas, no Rio Grande do Sul, e Punta Arenas, no Chile. Somos ao todo 54 passageiros, além da tripulação de nove homens. Nos poucos dias de que dispus para me preparar para o embarque li tudo que pude sobre aquela última fronteira da geografia que eu desejara um dia conhecer. O diário de Amundsen, conquistador do Pólo Sul, as narrativas da lendária e malsucedida expedição de Shackleton, as aventuras do nosso Amyr Klink e diversos artigos da revista *National Geographic* me permitiram antever e sonhar com aquelas longínquas plagas. Carregado de mapas e material para anotações, portando uma pequena mala com câmeras fotográficas e artigos pessoais, segui para o aeroporto do Galeão, na sua parte antiga, de onde decolaríamos, de manhã bem cedo, no dia seguinte ao Natal.

Feita a chamada, foi logo dado o embarque – pesquisadores, pessoal militar, pessoal civil de apoio, políticos e alguns convidados especiais. A partida foi pontual, com dia claro e céu azul "de brigadeiro" (tínhamos dois na comitiva). A arrumação a bordo era espartana: dividíamos o espaço disponível na ampla fuselagem com a carga que seguia para a Antártica, composta de caixas e engradados com material de pesquisa, víveres perecíveis e toda sorte de pertences dos pesquisadores que iam para lá ficar até o fim do verão. Os assentos, longitudinais, contínuos, de tiras de lona, acolchoados apenas com simples almofadas, faziam-nos lembrar dos velhos filmes de guerra, daquelas missões de pára-quedistas que, ao soar o alarme intermitente e ao piscar da luz vermelha de alerta, lançavam-se no espaço. Por sorte não chegou a tanto nossa aventura e nenhuma porta se abriu em vôo...

Em Pelotas cada viajante recebeu sua andaina – um saco de lona que os marinheiros carregam, com seus pertences de uso diário. Cada andaina, numerada, continha as vestimentas polares individuais (e do tamanho certo de cada um), já previamente reservadas pela Esantar – Estação de Apoio Antártico, operada pela Fundação Universidade do Rio Grande (FURG). É de se louvar a minúcia da organização, em todos os detalhes, dessa viagem coordenada pela Marinha de Guerra e operada pela Força Aérea Brasileira.

No vôo até Punta Arenas, principal cidade do extremo sul do Chile, sobrevoamos toda a costa leste da América do Sul – ao longo da deserta e árida Patagônia argentina – até avistarmos a Terra do Fogo. O pouso foi tranqüilo e nosso Hércules ficou minúsculo, no pátio, ao lado de dois gigantescos Antonov, aviões cargueiros russos, que lá se encontravam para, provavelmente, abastecer suas bases antárticas. Em Punta Arenas acomodamo-nos em dois hotéis, o Austral e o Finis Terrae e na mesma tarde pude visitar o pequeno, porém bem arranjado, Museu Naval local, rico em lembranças das expedições polares que por ali passaram e dos tempos de prosperidade que a cidade já viveu. Punta Arenas é uma bela cidade, limpa, com construções luxuosas do início do século XX, quando ali aportavam todos os navios que, partindo da costa leste americana, demandavam a Califórnia em plena febre do ouro. Toda essa movimentação naval cessou com a inauguração, em 1914, do Canal do Panamá. Ficaram as construções, como atestado de uma era de fausto que se foi. Hoje a cidade é uma zona franca e as descobertas de gás natural na Terra do Fogo voltam a movimentar seu comércio, também estimulado pelos turistas trazidos por grandes navios de cruzeiro. Em Punta Arenas, o vento é intenso durante todo o ano. Os cachorros vadios, que vagueiam em grupos por toda a cidade, precisam fazer grande esforço para não serem arrastados pela ventania quase constante. São cães resistentes e de porte altivo, que a meu ver descendem daqueles cães puxadores de trenós, aqui deixados pelos exploradores polares, ao regressarem de suas viagens.

O vôo de Punta Arenas até a Antártica também foi tranqüilo. Em três horas vencemos a Passagem de Drake, famosa por serem suas águas consideradas as mais revoltas e traiçoeiras do planeta, sobrevoamos o Cabo Horn, extremo sul do continente americano, e aterrissamos na base Presidente Eduardo Frei, instalada pelos chilenos na ilha do Rei George. Nessa ilha do arquipélago das Shetlands do Sul, também estão outras bases de pesquisa antártica: argentina, chinesa, coreana, polonesa, russa e a base brasileira Comandante Ferraz.

Além da pista de pouso encascalhada, os chilenos mantêm aqui uma comunidade permanente, com população civil que inclui também crianças, e que goza de todo o conforto. Hospital, escola primária, minimercado, igreja e residências bem construídas formam a Villa Las Estrellas. Os chilenos são fidalgos no receber os visitantes que usam sua pista de pouso, única na ilha. Na pequena capela do vilarejo, ainda enfeitada para o Natal, uma imagem de Nossa Senhora Aparecida chama a atenção dos brasileiros que por ali passam.

A vizinha base russa tem o nome de Bellingshausen, uma homenagem a um estoniano de origem alemã que, como comandante da Marinha Imperial Russa, é considerado o primeiro ser humano a ter pisado no novo continente, em 1820. A Antártica nunca teve populações nativas. As instalações dessa base russa parecem desgastadas e mostram que há muitos anos não são pintadas, ostentando até hoje, em alguns prédios e em seus veículos – jipes Lada como os que importamos no Brasil há alguns anos –, os antigos símbolos soviéticos, que não foram ainda substituídos.

A paisagem é inóspita. Uma discreta camada de musgo dá um tênue colorido verde, nesses dias de verão, em torno das pequenas lagoas formadas pela neve que se derreteu; é a única presença vegetal nessas paragens, além das algas. Ancorados ao largo, na Baía Maxwell, um navio de abastecimento russo e outro chileno completam essa paisagem desolada. As águas do Oceano Antártico, límpidas porém muito frias para umas braçadas nesse verão estranho, lambem as praias pedregosas onde grupos de pingüins errantes, protegidos pelo Tratado Antártico, aproximam-se de nós sem nenhum receio. Esse tratado, em vigor desde 1961, foi complementado em 1991 pelo Protocolo de Madrid, graças ao qual a Antártica foi transformada em "reserva natural devotada à paz e à ciência". Por força desses documentos internacionais, dos quais o Brasil é um dos signatários, não são permitidos na Antártica experimentos nucleares, depósitos de resíduos e atividades militares de qualquer espécie. Os animais, bem como toda a natureza, aqui são protegidos: não se pode sequer estressá-los. O intercâmbio de conhecimentos entre pesquisadores de todas as procedências é intenso. Num recinto da base chilena vejo um pesquisador russo conversando animadamente com um colega coreano, tendo a seu lado um brasileiro. Falam, talvez, de algas azuis ou do krill, a maior presença animal nos mares antárticos, ou discutem a evolução das dimensões do buraco na camada de ozônio, tema palpitante nas pesquisas da alta atmosfera nessa região austral.

O ar que se respira é extremamente puro, mas as correntes aéreas são traiçoeiras. A qualquer momento, sem aviso de mais que alguns minutos, uma tempestade pode inviabilizar nosso retorno à América do Sul. A base Presidente Eduardo Frei tem instalações modernas e fica a poucos minutos de caminhada a pé da vila Las Estrellas e também da base russa. Os deslocamentos desde a pista de pouso até as outras bases instaladas na ilha do Rei George podem ser feitos por terra, utilizando-se trenós no inverno, ou por helicópteros até as bases mais distantes como a brasileira.

Subitamente, após algumas horas de nossa permanência em terra, os postos avançados da meteorologia alertam para o risco de uma tempestade que começa a formar-se e é dada, então, a ordem de embarcar, sem que alguns dos visitantes tenham podido voar, em pequenos helicópteros, até a base brasileira localizada do outro lado da ilha. A decolagem do Hércules se faz com grande ruído para quem está em seu interior, pois à medida que ganhamos velocidade os seixos rolados que formam a pista ricocheteiam na parte inferior da fuselagem, lembrando uma intensa chuva de granizo. Os pneus resistem, o gigante decola e estamos de novo sobre o mar. Ao longe vemos ainda as encostas montanhosas da ilha do Rei George, única região habitada permanentemente em toda essa imensidão do continente gelado.

Na cabine de comando, converso com os tripulantes. Jovens, demonstrando muita segurança e competência no controle da aeronave, trazem em seu fardamento a bandeira brasileira. Seu trabalho nessas latitudes assegura a manutenção da base Comandante Ferraz que, por sua vez, garante nosso assento no Tratado Antártico. Mas a tripulação do Hércules conta também com uma personagem muito especial, responsável pelo atendimento a bordo, a "tia" Alice como é carinhosamente chamada pela tripulação e pelos pesquisadores e convidados que participam dos vôos entre Punta Arenas e a Antártica. Tia Alice já voou mais de cem vezes nessa rota, depois de se aposentar como comissária de bordo na aviação comercial. Sua atenção permanente aos mínimos detalhes que possam tornar mais agradável essa viagem ao fim-do-mundo fazem dela uma figura essencial nessa experiência incomum de que tive o privilégio de participar.

De volta a Punta Arenas, somos convidados a visitar o Ary Rongel, navio de apoio de nossa Marinha de Guerra, que nos meses de verão transporta os abastecimentos mais volumosos e pesados para nossa Base Antártica. Embarcação moderna – era anteriormente um navio de pesquisas norueguês, explicou-nos o comandante –, dispõe de todos os recursos para pesquisas oceanográficas. Em seus porões vemos uma interessante carga de trenós, que estão sendo enviados do Brasil, para uso dos pesquisadores brasileiros em suas incursões pelo interior da inóspita terra austral. Dando provas da postura ambiental exemplar assumida por nosso país naquelas terras, esse navio traz todo o lixo gerado em nossa base, para ser reciclado e disposto no Brasil. Infelizmente outras bases de outros países não tiveram, durante muitos anos, o mesmo procedimento e acumulam, até hoje, o lixo descartado em suas cercanias.

No último dia dessa viagem inusitada, já em Punta Arenas, o congraçamento entre os viajantes que participaram do vôo era intenso. Todos demonstravam sua satisfação com o que haviam visto naquela terra tão distante, com a presença brasileira. Os senadores, a deputada, a procuradora, o juiz, a bióloga, os pesquisadores de algas azuis, os brigadeiros, os comandantes de marinha, todos trocavam suas impressões de viagem na Praça d'Armas do Ary Rongel. Já estávamos no dia 30 de dezembro e os planos para o *réveillon* – onde seria? – eram alegremente discutidos. Enquanto aproveitávamos nossas últimas horas de permanência nessa distante região austral do planeta, a tripulação do Hércules, no pátio do aeroporto local, fazia os últimos ajustes para o longo vôo de regresso ao trópico carioca.

Linha do Tempo

Seqüência cronológica de acontecimentos mundiais associados com o texto deste livro. A numeração e os títulos em negrito correspondem aos capítulos relacionados no Sumário

1961

- Entra em vigor o Tratado Antártico, que estipula que aquele continente somente pode ser utilizado para fins pacíficos [42]
- Grandes projetos de irrigação na Ásia Central desviam as águas dos rios que formam o Mar de Aral, dando início à sua gradativa extinção [20]
- O presidente Kennedy autoriza o emprego da guerra química no Vietnã, com a utilização dos desfolhantes designados como "agentes laranja" [24]

5. O reitor de Coimbra

- Início do movimento de guerrilhas em Angola, na África Portuguesa [5]
- A União Soviética realiza sucessivos testes nucleares de grande potência na região ártica vizinha à Escandinávia [2]

2. Rapsódia sueca

- É erguido o Muro de Berlim, na Alemanha [6]

1962

- A bióloga Rachel Carson publica o livro *Silent Spring* (Primavera Silenciosa), sobre os danos causados à natureza por poluentes químicos orgânicos [25]

1. O velho lapão

- O Brasil vence sua segunda Copa do Mundo de futebol [3]

3. Finais de copa

- A Índia anexa os territórios portugueses de Goa, Damão e Diu [5]

6. O trem do destino

7. Outono na Baviera

- Crise dos mísseis em Cuba leva o mundo à beira da guerra nuclear [7]

8. Viena dos Habsburgos

1963

- Formação da ilha Surtsey, na costa da Islândia, resultante de uma erupção vulcânica submarina [4]

1965

9. O gentil vagabundo

1966

13. Falando Geometria

14. A múmia de Ramsés II

15. Fuga no deserto

1967
- Guerra dos Seis Dias, entre Israel e Egito, com a decorrente obstrução do Canal de Suez [14, 15]

1968
- Agitações estudantis tumultuam a França [9]
- Constatadas as primeiras evidências da destruição da camada de ozônio na atmosfera superior [21, 42]
- Invasão da Tchecoslováquia pelas tropas do Pacto de Varsóvia [11]

1969
- URSS e China se confrontam militarmente na região do Rio Amur – Extremo Oriente [17]

17. Da Sibéria ao Japão

38. Luau em Waikiki
- A espaçonave Apolo 11 chega à Lua [38]

1970
- Inaugurada a represa de Assuan, no Egito [14]

1972
- Realizada em Estocolmo, Suécia, a Conferência das Nações Unidas para o Meio Ambiente [2]

1973

28. Na Terra do Fogo
- Primeiro choque dos preços do petróleo [15]
- Firmada a Convenção sobre Comércio Internacional das Espécies da Fauna e Flora Selvagens em Perigo de Extinção (CITES) [35]

1975
- Fim da Guerra do Vietnã [24]

1976

16. O vendedor de tapetes

1980
- A varíola é considerada oficialmente erradicada em todo o mundo [39]

1982
- Guerra das Malvinas no Atlântico Sul [28]

4. Caçando vulcões

1983
- Ação de ativistas ambientais contra testes atômicos no deserto de Nevada [27]

1986

18. Beethoven em Cantão

Vivências

1987
- Publicado o relatório da Comissão Mundial do Meio Ambiente e Desenvolvimento (Relatório Brundtland), que advoga a necessidade do desenvolvimento sustentável para assegurar a sobrevivência da humanidade [27, 31, 42]

1989
- Acidente com o navio tanque Exxon Valdez, no Alaska [26]

33. A cimeira da linha de frente

11. Uma ópera em Praga

10. O intérprete policial
- Queda do Muro de Berlim [6, 10]

1990
- Reunificação da Alemanha [10]

35. O hotel do Sr. Reinhold

34. O príncipe swazi

1991
- Guerra no Golfo Pérsico envolvendo Kuwait e Iraque [15]
- Firmado o Protocolo de Madrid sobre proteção ambiental que transforma a totalidade da área da Antártica em reserva natural [42]
- Fim da URSS [17]

1992
- Realiza-se no Rio de Janeiro a Conferência das Nações Unidas para o Meio Ambiente e o Desenvolvimento [2]

1993

19. As visões de Bangalore

20. A morte do Mar de Aral

1994

29. Uma limusine na Bahamas
- Nelson Mandela é eleito presidente da África do Sul, pondo fim ao regime do apartheid racial [35]

1997
- Firmado o Protocolo de Kyoto, que estabelece metas para controle da emissão de gases que contribuem para o aquecimento do planeta [21, 40]
- Transferência da colônia britânica de Hong Kong para a administração chinesa [18]

1998

36. Expedição ao Lesoto

- Invasão do Lesoto por tropas da África do Sul **[36]**

37. Um balão na África

25. Em busca de ursos polares

1999

12. No país do arco-íris

2000

26. Outono no Alaska

27. Route 66

2001

30. Papiando
- Firmada a Convenção de Estocolmo, para o banimento dos poluentes orgânicos persistentes **[25]**

21. O primeiro cliente

22. As massagistas do templo

23. As torres gêmeas de Kuala Lumpur
- Atentado terrorista às torres gêmeas do World Trade Center em Nova York **[23]**

24. No país do tio Ho

31. De Noronha ao Acre
- XX Operação PROANTAR do Brasil na Antártica **[42]**

42. No continente gelado

2002
- Realizada em Joanesburgo a Cúpula Mundial sobre Desenvolvimento Sustentável (Rio+10) **[35]**

2003

32. Nos Andes dos Incas
- Guerra no Golfo Pérsico e ocupação militar do Iraque **[15]**

39. No umbigo do mundo

40. Na terra dos kiwis

41. O canguru e o Uluru

2004
- Um tsunami devasta grandes extensões costeiras no Sudeste Asiático **[22]**

Vivências

Tempo de Natal na Suécia

Peças de artesanato dos Lapões

Na cratera de um vulcão na Islândia

Guarda de honra em Berlim Oriental

Vivências

Meia-noite no Cabo Norte – ponto extremo setentrional da Europa

A ONU e o Danúbio azul em Viena

Primavera em Praga

Irlanda, o país do arco-íris

Vivências

Pastores em Belém

O Palácio Potala em Lhasa, Tibete

Da Lapônia à Patagônia

Amanhecer numa aldeia do Himalaia

Praia no Oceaano Índico, Paquistão

Vivências

A verdadeira ponte do Rio Kwai

As Torres Gêmeas de Kuala Lumpur, Malásia

Lembranças de guerra no Vietnã

"Loja de porcelanas" sobre uma bicicleta em Hanói

Vivências

Armadilhas para capturar ursos polares no Canadá

Outono no Alaska

Pouso numa geleira do Alaska

À margem da Route 66 no Arizona

No fundo do Vale da Morte na Califórnia

Amanhecer em Ushuaia na Terra do Fogo

Da Lapônia à Patagônia

No interior da Amazônia brasileira

Nos Andes dos Incas

Vivências

Aldeia na Suazilândia

O Cabo da Boa Esperança

Nas montanhas Drakensberg, África do Sul

No reino do Lesoto

Vivências

Viagem de balão na África

Moais na Ilha de Páscoa

Da Lapônia à Patagônia

Lawrence, um aborígene australiano

Verão em praia da Antártica